JEAN MOHSEN **FAHMY**

Chrétiens d'Orient

LE COURAGE ET LA FOI

MÉDIASPAUL

Médiaspaul reconnaît l'aide financière du Gouvernement du Canada par l'entremise du Fonds du livre du Canada, du Conseil des Arts du Canada et de la Société de développement des entreprises culturelles du Québec (SODEC) pour ses activités d'édition.

 Conseil des Arts Canada Council
du Canada for the Arts

 Patrimoine Canadian
canadien Heritage

Société de développement des entreprises culturelles
Québec

Catalogage avant publication de Bibliothèque et Archives nationales du Québec et Bibliothèque et Archives Canada

Fahmy, Jean Mohsen, 1942-

   Chrétiens d'Orient : le courage et la foi

   Comprend des références bibliographiques et un index.

   1. Christianisme – Moyen-Orient. 2. Chrétiens – Moyen-Orient. 3. Persécutions – Moyen-Orient. I. Titre.

BR1070.F33 2015   275.6   C2015-941983-2

ISBN 978-2-89760-034-1 (papier)
ISBN 978-2-89760-035-8 (epub)
ISBN 978-2-89760-036-5 (PDF)

Composition et mise en pages : *Robert Charbonneau*
Maquette de la couverture : *Marie-Ève Fraser*
Photo de la couverture : *Shutterstock*

Dépôt légal — 4ᵉ trimestre 2015
Bibliothèque et Archives nationales du Québec
Bibliothèque et Archives Canada

© 2015   Médiaspaul
     3965, boul. Henri-Bourassa Est
     Montréal, QC, H1H 1L1 (Canada)
     www.mediaspaul.ca
     mediaspaul@mediaspaul.ca

   Médiaspaul
   48, rue du Four
   75006 Paris (France)
   distribution@mediaspaul.fr

Tous droits réservés pour tous les pays.

Imprimé au Canada – Printed in Canada

Introduction

Chers frères et sœurs,

J'ai pensé à vous écrire, frères chrétiens du Moyen-Orient [...] à l'approche de Noël, sachant que pour beaucoup d'entre vous, aux chants de Noël se mêleront les larmes et les soupirs [...] L'affliction et la tribulation n'ont malheureusement pas manqué dans un passé même récent du Moyen-Orient [...] Chers frères et sœurs, qui avec courage rendez témoignage à Jésus en votre terre bénie par le Seigneur, notre consolation et notre espérance c'est le Christ lui-même. Je vous encourage donc à rester attachés à Lui, comme les sarments à la vigne, certains que ni la tribulation, ni l'angoisse, ni la persécution ne peuvent vous séparer de Lui (cf. Rm 8, 35). Puisse l'épreuve que vous traversez fortifier la foi et la fidélité de vous tous !

La situation dans laquelle vous vivez est un appel fort à la sainteté de vie, comme l'attestent saints et martyrs de toute appartenance ecclésiale. Je me souviens avec affection et vénération des pasteurs et des fidèles auxquels, ces derniers temps, a été demandé le sacrifice de la vie, souvent pour le seul fait d'être chrétiens. Je pense aussi aux personnes séquestrées, parmi elles des évêques orthodoxes et des prêtres de divers rites. Puissent-ils retourner bientôt sains et saufs dans leurs maisons et dans leurs communautés. Je demande à Dieu que tant de souffrance unie à la croix du Seigneur donne de bons fruits pour l'Église et pour les peuples du Moyen-Orient.

P<small>AR CES FORTES PAROLES</small>, le pape François s'adressait aux chrétiens du Moyen-Orient, dans une longue lettre qu'il leur écrivait la veille de Noël 2014. Le pape voulait ainsi dire aux fidèles du Christ qui vivent dans ces pays en proie aux troubles, aux soulèvements et aux guerres qu'il était sensible à leurs « tribulations » et surtout à leur « persécution ».

Persécution ! Le mot est sans équivoque. Les chrétiens d'Orient ne sont pas seulement les victimes des circonstances politiques ou des enjeux de la géostratégie. Ils sont ciblés par certains groupes intégristes, nommément, spécifiquement, « pour le seul fait d'être chrétiens ».

Or, le sort des chrétiens d'Orient, sinon leur existence même, sont ignorés de la grande majorité des Occidentaux, et même des croyants. Ils sont non seulement ignorés, mais même souvent traités avec une tranquille indifférence, sinon un haussement d'épaules.

Ainsi, en Amérique du Nord, leur sort est passé sous silence dans la plupart des médias. Il est vrai que certains grands quotidiens américains commencent timidement à briser ce silence ; mais au Canada anglais, une forme de rectitude politique rigide entraîne le silence devant certaines exactions, tandis qu'au Canada français, à cause d'une longue histoire au cours de laquelle l'Église et ses représentants ont trop souvent projeté une image triomphaliste, la notion même de chrétiens persécutés peut sembler incongrue.

Il est donc temps de se pencher sur ces frères persécutés, de connaître leurs tribulations, de connaître surtout leur histoire passée et récente et l'importance de leur apport à l'Église. Ils sont un membre essentiel de la communauté des croyants et, devant leurs souffrances, nous ne pouvons plus nous contenter d'une tranquille ignorance.

1

Tour d'horizon

L'ÉPREUVE VÉCUE par les chrétiens d'Orient depuis quelques décennies ne leur est pas exclusive. Elle s'inscrit dans une tendance plus grande, aux dimensions de la planète, qui touche les disciples du Christ dans de nombreux coins du monde. Avant de nous attarder plus longuement au sort des chrétiens d'Orient, il est utile de le situer dans ce phénomène universel.

En effet, la persécution des chrétiens partout sur la planète est une réalité concrète, abondamment documentée. Il est vrai qu'on ne l'évoque pas souvent en Amérique du Nord; en Europe, le sujet est beaucoup plus d'actualité.

Un grand magazine français, *Le Point*, a consacré récemment un dossier à cette question sous le titre: «La Chasse aux chrétiens». Un autre, *L'Obs* (jadis *Le Nouvel Observateur*), a fait de même sous le titre: «Ces chrétiens qu'on persécute». Le journal français *Le Figaro* écrivait dans un éditorial: «De l'Irak à la Chine et de l'Algérie au Pakistan, le christianisme est aujourd'hui, dans l'indifférence quasi générale, la religion la plus constamment et la plus violemment persécutée.» Un autre journal français n'a pas hésité à mettre en titre: «Le calvaire des chrétiens», associant ainsi le sort réservé aujourd'hui à certains chrétiens à la Passion même de Jésus.

Dans plusieurs rapports récents sur la liberté religieuse dans le monde, notamment un rapport de l'Aide à l'Église en détresse, un autre de l'Union européenne et un troisième du Département d'État américain, ces affirmations des journaux européens sont confirmés par les chiffres : les adeptes de la religion la plus persécutée aujourd'hui dans le monde sont les chrétiens. Il y a d'autres croyants persécutés : les musulmans en Inde et en Chine, les Bahaï en Iran et ailleurs. Mais les statistiques compilées par les meilleurs instituts tendent à prouver que les chrétiens subissent aujourd'hui 75 % de toutes les persécutions religieuses dans le monde.

La Corée du Nord occupe une place à part dans ce sinistre palmarès. Le régime communiste y élimine systématiquement les chrétiens qui osent s'afficher, notamment en les envoyant dans des camps de concentration où ils meurent de faim.

Ensuite, il y a la Chine, où le régime se méfie des quinze millions de catholiques et des millions de protestants. Le gouvernement chinois a ainsi créé une Église catholique « patriotique », qui ne se rapporte pas au Vatican. La majeure partie des catholiques chinois qui veulent rester unis à l'Église universelle doivent se cacher pour pratiquer leur religion.

Il y a aussi persécution des chrétiens au Vietnam, même si on y trouve une communauté de douze millions de catholiques. Leur situation s'est récemment améliorée, mais après la fin de la guerre d'indépendance, sous le régime communiste, ils ont longtemps dû se cacher, ou alors subir les foudres de l'État.

Le quatrième sur cette liste est, malheureusement, un pays de longue tradition catholique. Il s'agit de Cuba, où le régime Castro a tout fait pour étouffer le catholicisme, même si la visite du pape François à Cuba en septembre 2015, et ses multiples rencontres avec le peuple cubain et ses leaders, incite à un optimisme prudent.

On peut évoquer d'autres pays, comme le Congo où l'on a récemment assassiné des chrétiens à la sortie des églises, ou le Nigéria, où les gouverneurs des États du Nord veulent imposer la charia aux populations chrétiennes, et où plusieurs milliers de chrétiens ont été assassinés par la secte de Boko Haram.

Les quatre principaux pays en tête de cette liste – la Corée du Nord, la Chine, le Vietnam et Cuba – persécutent les chrétiens pour des raisons d'athéisme. Mais les chrétiens sont aussi ostracisés dans des pays où d'autres religions dominent. Le cas le plus tragique est celui de l'Inde, où un renouveau de l'hindouisme se fait au détriment des autres religions. Les quelque 12 à 15 millions de catholiques indiens – comme d'ailleurs les protestants et les évangéliques – ont été la cible de maintes attaques dans les dernières années. Et, au mois de mars 2015, plusieurs dizaines d'entre eux ont été assassinés par des foules hindoues en furie.

Qu'en est-il dans le monde musulman ? Et que veut-on dire quand on parle du monde musulman ?

Il s'agit des pays à populations exclusivement ou majoritairement musulmanes. L'univers musulman se compose de pays arabo-musulmans, c'est-à-dire ceux de culture et de langue arabes, et de pays où l'on parle d'autres langues. Ces derniers sont surtout situés en Asie.

Le nombre de musulmans sur la planète vient de dépasser un milliard et demi de personnes, soit un peu plus de 23 % de la population mondiale. Or, contrairement à ce que l'on pourrait croire, l'essentiel de l'islam n'est pas arabe. Le pays qui abrite la population musulmane la plus nombreuse est l'Indonésie, où quelque 200 millions de musulmans cohabitent avec 20 millions de chrétiens, le plus souvent dans un climat de tolérance.

Dans deux autres pays asiatiques, la Malaisie et le Pakistan, de petites minorités de chrétiens subissent les vexations, sinon les persécutions ouvertes des majorités, quelquefois même étatiques. Au Pakistan, une loi, dite « du blasphème », punit de mort toute personne convaincue d'avoir blasphémé l'islam. Elle a conduit à des dérives terribles : n'importe quelle querelle entre un Pakistanais chrétien et ses voisins peut ainsi mener à des accusations de « blasphème » contre celui-là. Le cas le plus connu est celui d'une pauvre paysanne, Asia Bibi, condamnée à mort, et dont le sort a ému toute la communauté internationale. En attendant que la Cour suprême du Pakistan entende son dernier appel, elle est enfermée dans une cellule sans fenêtre.

Il y a quelques années, un ministre pakistanais catholique, Shahbaz Bhatti, a été assassiné par des fanatiques. Il s'attendait au martyre et avait laissé un testament d'une grande élévation spirituelle, dans lequel, après avoir révélé qu'on lui avait promis les plus grands honneurs s'il abandonnait sa foi, il a écrit :

> Je veux seulement une place aux pieds de Jésus. Je veux que ma vie, mon caractère, mes actions parlent pour moi et disent que je suis en train de suivre Jésus Christ. Ce désir est si fort en moi que je me considérerai comme un privilégié si dans mon effort et dans cette bataille qui est la mienne pour aider les nécessiteux, les pauvres, les chrétiens persécutés du Pakistan – Jésus voulait accepter le sacrifice de ma vie. Je veux vivre pour le Christ et pour Lui je veux mourir.

Les catholiques pakistanais ont demandé au Vatican d'instruire sa cause en béatification et de ne pas attendre les cinq années habituelles avant d'entamer le processus.

Cette persécution des chrétiens dans de nombreuses régions de la planète a été abondamment décrite et illustrée dans un livre paru en 2014. *Le Livre noir de la condition des chrétiens dans le monde* est un ouvrage de plus de 800 pages, qui réunit des textes et des articles de plusieurs dizaines de spécialistes, sous la direction d'un évêque français, Jean-Michel di Falco, de Timothy Radcliffe et d'Andrea Riccardi. Timothy Radcliffe, en particulier, est loin d'être un inconnu. Maître général de l'Ordre des Prêcheurs entre 1992 et 2001, ce dominicain britannique met une grande érudition au service d'une foi profonde et souriante.

Dans *Le Livre noir,* les 70 collaborateurs de l'ouvrage montrent tout d'abord que la persécution des chrétiens n'est pas une nouveauté à l'époque contemporaine. On ne peut guère oublier les campagnes féroces menées au 20e siècle contre les chrétiens par les régimes totalitaires, communisme, nazisme, maoïsme. C'est d'ailleurs au 20e siècle qu'il y a eu le plus grand nombre de martyrs chrétiens depuis la mort du Christ, ce qui avait conduit Jean-Paul II à inclure, dans les célébrations du grand jubilé de l'an 2000, une « commémoration œcuménique des témoins de la foi du XXe siècle ».

Le sort tragique des chrétiens d'Orient

Si le sort des chrétiens soulève des inquiétudes en certains coins d'Asie ou d'Afrique, la situation des chrétiens d'Orient est encore plus dramatique, comme l'a souligné le pape dans de multiples homélies et déclarations publiques. Et c'est pourquoi, dans sa lettre de Noël 2014, il s'adresse plus particulièrement aux fidèles des pays du Moyen-Orient : Égypte, Palestine, Israël, Jordanie, Liban, Syrie et Irak. À l'exception d'Israël, ils sont tous arabo-musulmans.

Pour de nombreux Occidentaux, « Arabe » et « chrétien » semblaient jusqu'à récemment un amalgame incongru. Mais les actualités ne nous permettent plus le confort de l'ignorance. Nous assistons, en direct, à la persécution de certains d'entre eux, quelquefois terrible.

Comment choisir entre les centaines d'images qui nous parviennent chaque mois sur nos écrans de télévision et qui nous révulsent ? Peut-on établir une hiérarchie de l'horreur entre la décapitation de chrétiens égyptiens sur une plage libyenne, le dynamitage d'une église de Bagdad remplie de fidèles et le bombardement incessant du quartier chrétien d'Alep en Syrie ?

Le cas d'Alep est d'autant plus tragique qu'en 2015 les chrétiens de la ville se souviennent que, cent ans plus tôt, c'est à Alep que les rescapés du génocide arménien arrivaient, après leur marche terrible dans le désert turc et syrien. Des dizaines de milliers d'Arméniens qui avaient survécu aux brimades et aux persécutions ottomanes trouvaient dans cette première grande ville syrienne un refuge et, pour beaucoup d'entre eux, un ancrage et une patrie aux côtés de la florissante communauté chrétienne de Syrie. Or, cent ans exactement plus tard, ce sont les chrétiens syriens qui, après avoir accueilli les victimes d'un ancien génocide, doivent à leur tour quitter leur ville dans la terreur pour échapper à un autre génocide que leur promet l'État islamique.

Il y a également, pour nombre de chrétiens d'Orient, la lente usure des brimades quotidiennes, et souvent l'absence de perspectives d'avenir. Et les conséquences d'un certain harcèlement, sinon d'une forme d'ostracisme qui peut se manifester de mille façons, peuvent être dramatiques. La principale, la plus manifeste, la plus menaçante pour l'avenir, est leur lente érosion, sinon leur disparition. On a ainsi pu évoquer un « lent génocide silencieux ».

Une des causes principales de cette érosion est l'émigration, voulue ou forcée, des chrétiens. Chaque année, ils quittent par milliers leurs villages, leurs villes, leurs pays. Ils s'entassent quelquefois dans des camps de réfugiés, et finissent le plus souvent par rejoindre des diasporas, déjà nombreuses, en Europe, dans les Amériques, en Australie.

Il faut préciser que cette immigration n'est pas toujours due à des pressions directes; souvent, les conditions économiques et politiques poussent les chrétiens, comme d'ailleurs leurs compatriotes de foi musulmane, à chercher ailleurs un avenir meilleur. Mais, quelles que soient les raisons de ces départs, ils représentent, pour les chrétiens, pour l'Église et pour le monde, un défi certain.

Pour les communautés fragilisées, l'émigration n'est pas l'unique voie de sortie. Dans certains cas, épuisés par les luttes quotidiennes, aspirant à la tranquillité et à la normalité, des chrétiens d'Orient abjurent leur foi pour se convertir à l'islam. On a ainsi pu recenser quelques milliers d'apostasies chaque année au sein de la communauté copte d'Égypte.

Les chrétiens arabes représentaient, il y a quelques décennies, un pourcentage relativement important des populations locales. Prenons, par exemple, le cas des chrétiens de Terre sainte (Palestine et Israël), qui illustrera de façon claire le phénomène d'érosion que nous évoquons.

Il y a 30 à 40 ans, les chrétiens de Terre sainte représentaient 20 % des populations de Palestine et d'Israël. Aujourd'hui, ils avoisinent 1 %! Bethléem était une ville à majorité chrétienne, elle ne l'est plus. À Jérusalem, le quartier chrétien ne compte plus que 5 000 Palestiniens chrétiens. Dans les Territoires occupés, des centaines de rabbins ont interdit aux juifs israéliens de louer ou de vendre des appartements à des non-juifs, donc aussi aux Palestiniens chrétiens, ou même aux Israéliens chrétiens d'origine palestinienne, parce que « la Torah interdit de vendre à un étranger une maison ou un champ de la Terre d'Israël ». Évoquons aussi les 3000 chrétiens de Gaza, qui résistent dans leur foi malgré le climat imposé par le Hamas et les bombes lancées par Israël.

Résumons : pour la première fois dans l'histoire, la terre où Jésus est né, où il a vécu et prêché un message de paix, pour la première fois donc, cette terre risque de se retrouver à brève échéance sans chrétiens. Depuis deux mille ans, depuis l'Église de Jérusalem fondée par Jacques, le frère du Seigneur, il y a toujours eu des chrétiens en Terre sainte. Et ils risquent, aujourd'hui au 21ᵉ siècle, de disparaître pour de bon !

En Irak, les chrétiens étaient 1,3 million sous Saddam Hussein. Aujourd'hui, ils sont quelque 300 000. Et au rythme où ils sont persécutés, ces derniers îlots de croyants risquent de partir, ou de se dissoudre dans le fracas des bombes.

En Syrie, où s'étaient établies les premières communautés chrétiennes après celle de Jérusalem, ils ont fondu comme neige au soleil. Sous les coups de boutoir des multiples groupes associés de près ou de loin à l'islamisme, les chrétiens syriens quittent leurs villes et leurs villages par milliers.

L'Égypte est un cas particulier. La communauté copte, malgré une émigration d'un million et demi de ses membres depuis une vingtaine d'années, est suffisamment nombreuse pour qu'on ne craigne pas, à court terme, sa disparition. L'Égypte est le pays arabe qui abrite la plus forte minorité chrétienne, en nombres absolus; en pourcentage, elle est au second rang, après le Liban. Pour certains musulmans fondamentalistes, cette présence d'infidèles sur une terre musulmane est soit incompréhensible, soit une anomalie qu'il faut absolument corriger.

Un rôle essentiel dans l'histoire du christianisme

Outre la persécution qu'ils subissent, il y a une autre raison de s'intéresser en particulier aux chrétiens d'Orient. Pour les autres chrétiens, partout dans le monde, ces coreligionnaires aux langues, aux rites et aux liturgies différentes sont les passeurs qui nous ramènent aux origines de la foi. Sans eux, il y aurait eu rupture entre les apôtres et les fidèles du 21e siècle.

Faut-il rappeler que Jésus est né, a vécu et est mort au Moyen-Orient? Faut-il rappeler que Pierre, Paul, Jacques et tous les autres étaient des «Moyen-Orientaux», pour reprendre notre terminologie d'aujourd'hui?

Les chrétiens orientaux d'aujourd'hui vivent, croient et prient sur la terre même où la foi en Jésus est née. Leur existence a des résonances toutes particulières pour l'Église universelle. Les chrétiens arabes contemporains prient dans des langues dont certaines remontent au temps de Jésus et des apôtres. Ils sont enracinés dans leurs pays depuis deux millénaires.

Ces rappels ne sont pas tout. Pour l'Église, le Moyen-Orient a été l'incubateur de la nouvelle foi. Non seulement elle y est née et y a grandi, mais elle s'est aussi fixée pour toujours grâce aux mots, aux concepts, à la théologie des chrétiens du Moyen-Orient.

Voyons donc : si nous devions utiliser le vocabulaire actuel, saint Augustin serait « algérien » et saint Cyprien serait « tunisien ». Saint Athanase, saint Cyrille, saint Pacôme, sainte Catherine d'Alexandrie, saint Antoine le Grand, saint Paul l'Ermite seraient « coptes ». Saint Ignace d'Antioche, saint Jean Chrysostome, saint Jean Damascène seraient « syriens ». Saint Basile et saint Grégoire de Nysse seraient « turcs ».

Ces saints, ces Pères de l'Église, ont réfléchi au message du Christ et des évangiles et l'ont transposé dans le langage que nous utilisons encore aujourd'hui. Ils ont fixé pour toujours la vision qui nourrit la foi de l'Église. Or, ces Pères de l'Église, ces grands saints, ces martyrs, sont tous des « chrétiens d'Orient ».

Or, ces Églises, ces saints, leur histoire, leur apport à l'Église et à la foi, leur formidable contribution à la théologie et aux institutions centrales des Églises chrétiennes sont ignorés, nous l'avons dit, de la grande majorité des Occidentaux, et même des croyants de l'Occident.

Il est temps de mieux connaître la naissance et le parcours de ces Églises orientales, aujourd'hui plongées dans la tourmente.

2

L'Orient,
terreau du christianisme

L'Orient a été non seulement le lieu de naissance du christianisme, mais également le théâtre de la définition, de la consolidation et de la diffusion de la nouvelle religion. L'histoire des chrétiens d'Orient a commencé au lendemain même de la Résurrection du Christ. Il s'agit d'une épopée de courage et souvent d'héroïsme. Quelles en ont été les principales étapes ?

Jésus, un juif originaire de Nazareth, naît aux environs de l'an 6 avant notre ère. Il prêche un message d'amour et de pardon ; ses coreligionnaires espèrent le voir prendre la tête d'un mouvement de révolte contre l'occupant romain, mais Jésus ne s'intéresse guère à la politique de l'heure, et ses critiques et ses exhortations sont surtout dirigées contre les dérives religieuses et rituelles de son peuple.

Il s'attire alors la vindicte des élites de Jérusalem, qui l'arrêtent et le font crucifier par les Romains, un jour d'avril aux environs de l'an 35 de la nouvelle ère. Ses disciples le voient bien vivant, après sa Résurrection, survenue trois jours après sa mort, et se souviennent alors qu'il leur a livré un message essentiel : allez, et proclamez partout la bonne nouvelle d'un royaume plus juste, plus fraternel, un royaume ouvert aux pauvres et aux laissés-pour-compte.

Pierre, le pêcheur analphabète de Galilée, est, au début, plus porté à annoncer cette bonne nouvelle à ses compatriotes juifs. Paul, le juif de culture grecque de Tarse (dans l'actuelle Turquie), est plus sensible à la présence des « Gentils », ces millions d'humains qui ne connaissent pas la Loi mosaïque. Le débat est lancé dans l'Église naissante : le message de Jésus est-il destiné aux seuls juifs ? La bonne nouvelle est-elle seulement confinée à un petit groupe d'élus, choisi de toute éternité par Dieu ? Les millions de non-juifs doivent-ils rester pour toujours ignorants de la bonté et de la grandeur du Dieu unique ?

Débat crucial, qui prend de plus en plus de place dans le cercle des disciples, lorsque des « Gentils » de Césarée ou d'Antioche, entendant leur prédication, demandent le baptême. Débat qui se résout à Jérusalem lorsque les apôtres se réunissent dans la Ville sainte pour décider des conditions à imposer aux païens qui se convertissent à la foi nouvelle, et notamment si on doit exiger d'eux qu'ils subissent la circoncision et respectent les interdits alimentaires juifs.

Pierre a fréquenté à Césarée des Romains, notamment le centurion Corneille, et s'est peu à peu sensibilisé à une vision plus universaliste du message de son ami Jésus. Paul et lui finissent par convaincre les traditionalistes qu'il ne faut pas imposer aux convertis un fardeau indu. Ils envoient donc des messagers à Antioche, la grande ville syrienne, la troisième plus importante de l'Empire romain (après Rome et Alexandrie), pour informer de cette décision les convertis non-juifs.

La vision universaliste de Paul et la sagesse de Pierre établissent ainsi une Église ouverte sur le monde. Bref, les premiers chrétiens – c'est à Antioche, à peu près à ce moment-là, qu'on les appelle ainsi pour la première fois – décident que le message de salut de Jésus est destiné à tous. L'épopée missionnaire de l'Église se déploie alors et les premières communautés des «chrétiens d'Orient» commencent à apparaître.

D'ailleurs, Paul n'a pas attendu la réunion de Jérusalem pour s'adresser hardiment aux païens. Il a déjà voyagé longuement dans l'Empire, notamment en Asie Mineure (Turquie), où il a créé les premières Églises locales.

Après la réunion de Jérusalem, Paul reprend ses pérégrinations, parfois seul, parfois accompagné de Barnabé, de Marc, de Luc ou de Timothée. Il évangélise le nord de la Syrie, l'Asie Mineure, la Macédoine, puis la Grèce, avant de se rendre à Rome rejoindre Pierre. Les deux vont y trouver une mort violente, par fidélité à ce Jésus que l'un a connu en chair et en os et qui a foudroyé l'autre, un jour, sur le chemin de Damas.

Sur le plan historique, les voyages de Paul et le destin de Pierre sont bien établis. L'activité missionnaire des autres apôtres et des disciples ne nous est connue que par des traditions, souvent très anciennes, dont certaines remontent aux premiers temps de notre ère. Elles font partie intégrante de l'identité et de la liturgie des peuples qu'ils ont évangélisés.

Ainsi, il y a Thomas, le sceptique Thomas, l'un des douze, qui part évangéliser l'Inde, où il meurt martyr. Marc, l'évangéliste et le secrétaire de Pierre, évangélise l'Égypte. Philippe, quant à lui, porte la bonne nouvelle aux Scythes, une population du nord de l'Asie Mineure. Barnabé, compagnon de Paul et cousin de Marc, évangélise Chypre. Barthélémy annonce l'Évangile aux tribus bédouines de la péninsule Arabique. Les chrétiens de l'Inde assurent qu'il visita aussi leur pays. Il semble qu'il soit mort en Arménie.

Il y a certes eu des chrétiens à Rome, la capitale de l'Empire, dès les années 64-67. Mais c'est en Orient que la nouvelle religion connaît d'abord la plus grande diffusion, et voit la naissance de communautés dont les membres sont suffisamment nombreux pour leur permettre de s'épanouir dans leur nouvelle foi.

En fait, c'est en Orient que les chrétiens ont été les plus nombreux jusqu'au 7e siècle, jusqu'à l'arrivée dans leurs pays des armées musulmanes.

Au 1ᵉʳ siècle, donc, les premières Églises, comprenant tout d'abord des juifs convertis par la prédication dans les synagogues, puis des « Gentils » attirés par le caractère radical du message évangélique, se trouvent dans les grandes métropoles d'Orient : Alexandrie, Antioche, Byzance, Jérusalem. Ces premiers chrétiens adoptent le grec, la lingua franca de l'époque, pour communiquer entre eux.

Mais on trouve également de petites communautés de chrétiens dans de nombreuses autres parties de l'Empire romain. Il est presque certain que, dès la fin du siècle, des noyaux existaient dans la campagne égyptienne, dans plusieurs localités de la Syrie et de la Palestine, dans beaucoup de villes moyennes de l'Asie Mineure : Lystres, Derbé, Iconium, et dans des localités de Cilicie, de Phrygie et de Galatie (anciens noms des régions de la Turquie d'aujourd'hui).

L'est de l'Empire et les États qui le bordent voient aussi essaimer le christianisme ; de petites communautés se créent en Mésopotamie (l'actuel Irak), en Perse (l'actuel Iran), dans les franges ouest des Indes et en Arménie. Le cas de l'Arménie est particulièrement intéressant : vers l'an 300, le christianisme y devient religion reconnue, sinon religion d'État ; c'est le premier pays qui franchit ce pas, devançant ainsi de quelques décennies la révolution constantinienne dans l'Empire romain.

Mais le zèle des missionnaires se déploie aussi vers le sud; nous avons déjà mentionné l'évangélisation de certaines tribus de la péninsule Arabique; au Yémen aussi, beaucoup plus au sud, des pousses chrétiennes vigoureuses s'implantent.

Bref, dès le premier siècle, mais surtout au second et au troisième, tout l'Orient est parsemé de communautés chrétiennes, certaines bien fragiles encore, mais d'autres beaucoup plus vigoureuses et déjà bien fécondes, par exemple celle d'Alexandrie, dont le rôle dans la défense et le développement de la foi chrétienne est central.

Cette multiplication des nouveaux adeptes amène, dès les premières décennies après la mort du Christ, des défis d'organisation. Les premiers chrétiens, y compris ceux de l'Église de Jérusalem, ne peuvent plus compter exclusivement sur les apôtres ou les disciples pour mener un troupeau de plus en plus nombreux.

Les apôtres nomment donc des *episcopoi* (mot grec signifiant «superviseurs»), qui deviendront les évêques. Mais ceux-ci ne suffisent pas à la tâche: ils s'adjoignent des anciens (*presbiteroi*, prêtres) et des servants (*diakonoi*, diacres).

On reconnaît là la structure pastorale et administrative de l'Église, telle qu'elle n'a guère changé depuis deux mille ans; ce sont les premiers chrétiens d'Orient qui auront bâti ce solide édifice.

Les premiers martyrs chrétiens

Les chrétiens se multiplient donc, et se répandent un peu partout dans l'Empire, notamment dans ses provinces orientales. Comment Rome réagit-elle à l'égard de ces nouveaux venus ?

Au début, avec une indifférence dédaigneuse. Les chrétiens ne sont pas assez nombreux pour déranger les autorités. De plus, on les prend pour une nouvelle secte juive ; or, après la destruction de Jérusalem par Titus en 70, l'État romain se montre plus accommodant avec les juifs, pourvu qu'ils ne créent pas de problèmes, et leur permet de pratiquer leur religion.

Pour mieux comprendre cette bénigne ignorance des débuts, imaginons qu'aujourd'hui un obscur prophète, né quelque part dans un pays lointain, meure là-bas après avoir été arrêté par la police locale. Ni les gouvernements, ni les opinions publiques de nos pays ne lui prêteraient la moindre attention. Et c'est ainsi que les apôtres et les premiers disciples, qui ont encore une certaine liberté de mouvement, convertissent peu à peu des non-juifs.

Même la persécution de Néron contre les chrétiens, au cours de laquelle saint Pierre et saint Paul ont été martyrisés à Rome, n'a pas été perçue comme un événement majeur par les contemporains.

Mais, peu à peu, les autorités romaines se rendent compte de deux phénomènes qui les intriguent, puis les préoccupent et finissent par les irriter profondément.

Le premier est la multiplication des convertis. Des habitants de l'Empire de plus en plus nombreux embrassent cette nouvelle foi. Et ce ne sont plus, comme au début, des pauvres ou des esclaves qui décident de n'adorer qu'un seul Dieu. Des militaires, des riches, de hauts fonctionnaires, des philosophes et même, dès le début du 3e siècle, des proches de l'empereur et du pouvoir romain demandent le baptême.

Ensuite, et surtout, les chrétiens finissent par semer des doutes dans l'esprit de l'empereur quant à leur fidélité au pouvoir central.

Non pas que les chrétiens s'opposent à l'État : bien au contraire, ce sont des citoyens modèles (même s'ils ne sont pas très nombreux à s'enrôler dans l'armée), et ils veulent bien, comme Jésus le leur a enseigné, « rendre à César ce qui est à César ». Mais c'est justement là le problème : César, pour eux, n'est que le chef de l'État, tandis que l'empereur se veut une incarnation des dieux sur terre et exige qu'on lui rende un culte divin. Les chrétiens s'y refusent et passent alors pour des fauteurs de troubles.

Ces deux phénomènes finissent par attirer sur eux la colère des autorités et l'attention moqueuse des élites. On sait que la première mention de Jésus dans des écrits non chrétiens est due à l'historien juif romanisé Flavius Josèphe, qui écrivait à la fin du 1ᵉʳ siècle. Mais dans les vingt premières années du second, d'autres écrivains latins, dont Tacite, mentionnent la nouvelle secte à au moins trois reprises.

L'agacement puis la colère de Rome vont se traduire par de violentes persécutions contre les chrétiens. La première, celle que le cinéma a surtout popularisée, est la persécution de Néron contre les chrétiens de la capitale. Mais cette première flambée antichrétienne était toute particulière : l'empereur, qui avait mis le feu à la ville, voulait détourner de lui la colère de la foule et choisit des boucs émissaires : les membres de cette secte néojuive qui résidaient dans la capitale lui semblèrent alors des proies faciles.

Cette première persécution, au cours de laquelle périrent Pierre et Paul, allait cependant créer des précédents. Par sa violence, elle préfigurait toutes celles qui allaient suivre ; en effet, Néron jeta les chrétiens aux lions, les fit crucifier ou les enduisit de goudron pour les embraser comme des torches afin d'éclairer, la nuit, les jardins du palais impérial. Plusieurs martyrs moururent dans d'atroces souffrances.

Cette acceptation du martyre pour professer sa foi allait aussi se répéter lors des autres persécutions ; il y eut certes ce qu'on a appelé les « lapsis », c'est-à-dire les fidèles qui, devant l'atrocité du supplice, reculèrent et abjurèrent leur foi. Mais il y en eut beaucoup plus qui donnèrent l'ultime témoignage.

Or, la majeure partie des martyrs venaient des Églises d'Orient. Leur concentration dans les marges du sud et de l'est de l'Empire romain, au moins au début, les rendait plus visibles et il était donc plus facile de les arrêter, de les sommer de renoncer à leur foi et, en cas de refus, de les martyriser.

Pour la défense de la foi, ce ne sont pas seulement les simples fidèles qui donnent leur vie. Des évêques et des penseurs orientaux meurent martyrs. Si l'on s'éloigne un moment du Moyen-Orient, on peut évoquer, en Afrique du Nord, Cyprien et Lactance, que l'on appellerait aujourd'hui des Maghrébins.

La liste des persécutions est sinistre : il y a celle de Domitien en 95, celle de Marc-Aurèle en 180, puis le 3ᵉ siècle déclenche un ouragan de fer et de feu sur les disciples du Christ : persécution de Dèce en 250-251, celle de Valérien en 257, et enfin, pour couronner le tout, celle de Dioclétien, en 303-305.

Cette dernière nous intéresse tout particulièrement. Elle a été un point tournant dans l'histoire du monde ancien. Elle a surtout été une période sombre dans l'histoire des chrétiens, surtout ceux de l'Orient.

Dioclétien était un empereur énergique et compétent, arrivé au pouvoir en l'an 285. D'un point de vue politique, ce fut un bon chef d'État et un grand administrateur.

Il se rendait compte de la pression de plus en plus grande des Barbares sur les frontières de l'Empire. Celui-ci était menacé de tous côtés, et, pour repousser le danger, Dioclétien avait besoin d'une mobilisation de toute la société, d'une forme d'union sacrée contre l'ennemi.

Cette union devait se faire autour de la personne de l'empereur : on devait lui rendre des honneurs divins, faire des offrandes rituelles devant son effigie, brûler de l'encens devant ses statues ; partout, les responsables romains reçurent l'ordre d'appliquer cette politique de façon rigoureuse.

Le préfet romain d'Alexandrie, qui gouvernait la province égyptienne au nom de Rome, se montra particulièrement zélé : il poursuivit impitoyablement les chrétiens de la grande métropole méditerranéenne, ainsi que ceux des « nomes » (provinces) de l'intérieur.

La persécution fut d'une cruauté inouïe ; partout, les chrétiens qui n'abjuraient pas leur foi étaient arrêtés, brûlés vifs, crucifiés, noyés dans le Nil ; ceux qui étaient citoyens romains se voyaient offrir le « privilège » d'une mort par décapitation ; ainsi, sainte Catherine d'Alexandrie, une jeune fille de 18 ans (dont l'existence n'est pas historiquement avérée), serait morte décapitée.

Combien y eut-il de morts en Égypte ? Comme il n'y a pas de statistiques de ces événements sinistres, les historiens en sont réduits aux conjectures. Certains chiffres absolument étonnants ont été lancés : un livre ancien prétendait que les martyrs avaient été au nombre de 800 000. Aujourd'hui, on semble s'entendre sur un chiffre approximatif de 10 000 martyrs. Or, la population égyptienne étant alors d'environ cinq millions, et les chrétiens étant loin d'en représenter la majorité, ce nombre témoigne d'une foi déjà fortement vécue et assumée.

La détermination de Dioclétien et de ses agents fut telle qu'elle désorganisa pour un temps l'Église, même en dehors des frontières égyptiennes : pour la première et unique fois dans son histoire, il n'y a pas eu d'évêque à Rome entre 304 et 308. C'est d'ailleurs à la suite de cette persécution que l'évêque de la capitale impériale est appelé pape pour la première fois.

Cette persécution eut une conséquence majeure : elle marque la vraie naissance de l'Église d'Égypte. Ce baptême de sang a enraciné pour longtemps la foi au Christ dans le peuple du Nil. Et certains des descendants de ces martyrs du 4ᵉ siècle sont toujours fidèles à la foi de leurs ancêtres.

La persécution de Dioclétien fut par ailleurs le dernier baroud d'honneur du paganisme face au christianisme; en effet, moins d'une décennie après la retraite de Dioclétien, le nouvel empereur, Constantin, qui constate l'avancée irrésistible de la nouvelle foi dans son Empire et l'inanité des persécutions, met fin à la chasse aux chrétiens, avant de se convertir : la foi en Jésus va s'imposer partout dans l'Empire, avant de devenir, moins d'un siècle plus tard, religion d'État.

De grands penseurs de la foi

Pendant ces premiers siècles où elle devait faire face à la persécution et à l'ostracisme, l'Église devait également affronter des dangers de l'intérieur. C'est, en effet, pendant les cinq premiers siècles de notre ère que des débats, souvent passionnés, et des querelles, quelquefois violentes, entre différents penseurs et mouvements chrétiens, ont mené à la définition des dogmes, à la fixation des mots de la foi. Et, dans cette aventure passionnante, les chrétiens d'Orient, les saints d'Égypte, de Palestine, de Syrie, de l'Asie Mineure et du Maghreb ont été au premier rang des défenseurs de la foi.

Il faut distinguer deux périodes dans cette recherche des termes exacts pour dire le divin. La première s'étend, en gros, jusqu'à la fin du

3ᵉ siècle. La seconde, après la paix de Constantin et la fin des persécutions, étale au grand jour les débats et les démêlés, et mène aux grands conciles de Nicée, de Constantinople, d'Éphèse et de Chalcédoine.

Il serait fastidieux et interminable de raconter dans le détail toutes les querelles théologiques des premiers siècles. Qu'il suffise de dire que les premiers chrétiens, qui vivaient dans un empire vaste et diversifié, étaient tentés d'intégrer dans leur foi des éléments pris aux cultures ambiantes : soit des tendances orientalisantes, venues notamment de l'Égypte pharaonique et de la Perse, avec l'accent mis sur le mysticisme et l'ésotérisme, soit des emprunts à la pensée philosophique et au rationalisme grecs.

Mentionnons, à titre d'exemple d'influence orientale, le gnosticisme. Ce mouvement, né, semble-t-il, en Haute-Égypte, et que l'on connaît grâce surtout aux manuscrits de Nag Hammadi (voir le chapitre sur les coptes), voyait dans le Créateur un être un peu évanescent, qui ne s'intéressait guère au monde d'ici-bas ; celui-ci avait été créé par un démiurge, une espèce de dieu inférieur. Pour se libérer de l'emprise de ce démiurge maléfique, il fallait accéder à une certaine connaissance, et Jésus était chargé d'enseigner cette connaissance mystérieuse aux humains. On ne peut s'empêcher de penser ici aux secrets et aux rites d'initiation de la franc-maçonnerie.

Clément d'Alexandrie et Origène d'Alexandrie menèrent la charge contre les gnostiques, dont l'influence, quoique affaiblie, dura jusqu'au 5ᵉ siècle.

Origène d'Alexandrie a été un des premiers grands penseurs chrétiens. Il a dû se battre sur deux fronts : tout d'abord contre les gnostiques, mais aussi contre l'establishment intellectuel romain. Il nous est en effet surtout connu par sa réfutation des écrits d'un philosophe romain païen, Celse, qui écrivit en l'an 177 un *Discours contre les chrétiens* pour se moquer de leurs croyances. Cette attention portée par un philosophe important à la nouvelle secte prouve par ailleurs l'importance prise par le christianisme dans l'Empire, 150 ans seulement après la mort de son fondateur.

La réfutation du *Discours contre les chrétiens* par Origène servit à charpenter les premières grandes formulations de la foi, et coûta la vie à son auteur, qui mourut martyr pendant la persécution de Dèce.

Une autre hérésie vint cette fois de la Perse. Un penseur perse appartenant à une petite secte chrétienne et nommé Mani affirmait que le monde était le lieu d'un combat perpétuel entre deux dieux aux mêmes pouvoirs : le Dieu du bien et le Dieu du mal. Dans cette pensée, Jésus ne servait qu'à indiquer le chemin de la purification, pour se débarrasser des instincts du mal dans notre nature humaine.

Devant ce bouillonnement, l'Église doit vite réagir. Elle adopte tout d'abord au 2ᵉ siècle le canon des Écritures : quels sont les livres qui disent la foi authentique ? Quels sont ceux qu'il faut rejeter ? Comment s'articule le lien entre l'Ancien et le Nouveau Testament ?

Cette réaction de l'Église est d'autant plus nécessaire que les débats commencent à toucher au point fondamental de la foi chrétienne : la nature du Christ. Jésus est-il seulement homme ? Est-il seulement Dieu, sous une forme humaine ? Est-il Dieu et homme à la fois, et si oui, sous quelles modalités ? Et puis, cette question en amène une autre : quel est le rôle et la place de l'Esprit Saint dans cette théologie ?

Déjà Ignace d'Antioche, au début du 2ᵉ siècle, défend la vraie Incarnation du Christ, face à ceux qui disent que l'humanité de Jésus n'était qu'apparence ; ses lettres montrent aussi sa foi en la Trinité ; ses écrits formulent également, après saint Paul, les premiers éléments de la définition théologique de l'eucharistie.

L'Égyptien Athanase et le combat contre l'arianisme

Mais les grandes querelles sur la nature du Christ vont éclater dès la fin des persécutions, et mettront en scène certains des plus grands géants de la pensée et de la théologie chrétienne, notamment deux Égyptiens : Athanase et Cyrille.

Le nom d'Athanase est pour toujours lié à celui d'Arius. Les deux sont Alexandrins, même si Arius est né en Libye avant de s'installer dans la métropole égyptienne. Il y devient diacre, puis prêtre, et commence à prêcher que Jésus, le Fils, puisqu'il est engendré, est inférieur au Père. Devant ce qu'il considère comme une abomination, un jeune homme du nom d'Athanase se rebelle.

Mais qui est donc ce jeune, qui a à peine vingt ans et qui ose se dresser contre une figure emblématique du clergé alexandrin ?

Athanase est né dans une ville du Delta égyptien. Tous ses écrits sont en grec, la langue internationale de l'époque, mais on sait qu'il a connu saint Antoine le Grand, un Égyptien qui ne parlait pas le grec. Athanase a donc dû communiquer avec lui en égyptien, ce qui mène certains historiens à favoriser l'hypothèse d'une ethnie égyptienne.

Il devient prêtre très jeune et, à titre de secrétaire de l'évêque d'Alexandrie, rédige le premier texte connu de réfutation de la pensée d'Arius. En effet, ce dernier attire de plus en plus d'adeptes ; l'Église est déchirée, et une importante réunion des évêques est convoquée en 325 à Nicée, tout près de la nouvelle capitale de l'Empire, Constantinople (l'ancienne Byzance et l'actuelle Istanbul).

Athanase, qui vient d'être ordonné diacre par l'évêque d'Alexandrie, défend vigoureusement à Nicée l'égalité de nature du Père et du Fils ; il est le rédacteur du Symbole de Nicée, le « Je crois en Dieu » que nous récitons aujourd'hui ; à la fin du concile, il est nommé évêque d'Alexandrie à l'âge de 30 ans.

Mais les Ariens ne désarment pas ; toute sa vie durant (il va mourir en 373), Athanase va défendre l'orthodoxie de la foi, ce qui lui attire mille adversaires et lui vaut mille épreuves. Ses écrits précisent de plus en plus le dogme de la consubstantialité, la radicale identité entre le Père et le Fils. Il définit aussi de façon rigoureuse la divinité de l'Esprit. Notre conception de la divinité de Jésus aujourd'hui tient en grande partie aux écrits et aux combats d'Athanase.

Mais ses adversaires exploitent son caractère impérieux pour soulever les foules et le pouvoir contre lui. Il est exilé à cinq reprises de son siège épiscopal, dont, une fois, dans le désert, près de la mer Rouge, en compagnie d'Antoine avec qui il va vivre deux ans. Il va en profiter pour mieux connaître le fondateur du cénobitisme, dont il va écrire une *Vie*.

Athanase est considéré par les chrétiens de toute obédience comme un des géants de la foi.

L'Église copte-orthodoxe lui donne le titre de « Colonne de la foi »; pour les catholiques, il est Docteur et Père de l'Église.

Cyrille d'Alexandrie : Marie dans la foi chrétienne

Un autre grand Alexandrin est saint Cyrille. Il est né près d'un siècle après Athanase et a eu, comme lui, une grande influence sur la définition de la foi.

Cyrille était le neveu de Théophile, le patriarche d'Alexandrie. À la mort de son oncle, Cyrille lui succède sur le siège épiscopal de la ville. Il va passer sa vie à lutter avec une fermeté et même une rigueur toute proche de la violence contre ce qu'il estime être des hérésies et des déviations.

Il y a tout d'abord les partisans de l'arianisme ; malgré les combats d'Athanase, les adeptes de la pensée d'Arius sont encore nombreux et Cyrille les traque et les réfute partout.

Mentionnons d'ailleurs que l'arianisme continue toujours, seize siècles plus tard, à séduire certains esprits. On peut par exemple évoquer les Témoins de Jéhovah, dont la théologie emprunte des éléments à la pensée d'Arius. Ils ne sont cependant pas les seuls : même dans l'Église catholique et dans les autres grandes Églises chrétiennes, la tentation arienne est toujours présente.

Mais le grand combat de Cyrille, son titre de gloire dans l'Église, est son opposition déterminée à Nestorius. Ce dernier était un prêtre d'Antioche (on voit donc que cette péripétie des luttes théologiques a opposé un Égyptien à un Syrien). Il devint patriarche de Constantinople et professa qu'il y avait deux personnes distinctes et « séparées » en Jésus Christ : celle de Dieu et celle de l'homme ; la nature humaine du Christ n'était, pour Nestorius, qu'un « vêtement ».

La conclusion logique à laquelle parvint Nestorius était que Marie n'était mère que de « l'homme » Jésus et ne méritait donc pas le titre de Mère de Dieu.

Ces vues de Nestorius soulevèrent un ouragan de protestations. Cyrille mena la charge contre le patriarche de Constantinople. Il écrivit à l'empereur, au pape, à Nestorius même et son combat porta ses fruits : les enseignements de Nestorius furent jugés hérétiques, et ce dernier invité à se rétracter.

Nestorius riposta et accusa à son tour Cyrille de déviation de la vraie foi. L'empereur, excédé par ces chicanes d'évêques, convoqua un grand concile à Éphèse (l'actuelle Izmir, en Turquie).

Nestorius, qui craignait d'être mis en difficulté par Cyrille, ne s'y rendit pas. Les deux cents évêques présents délibérèrent et, le 7 juin 431, décrétèrent que Marie devait conserver son titre de Mère de Dieu.

Le peuple chrétien attendait à la porte de l'église où se réunissaient les évêques. Quand il apprit la décision du concile, il manifesta une grande joie et même reconduisit les évêques jusqu'à leurs demeures, la nuit, en organisant une grande procession aux flambeaux.

Les ruines d'Éphèse se trouvent dans un vaste site archéologique situé entre les villes turques d'Izmir et de Kusadasi. On peut y voir les restes de la basilique où se sont réunis les Pères conciliaires. La visite de ce haut lieu où s'est définie un des éléments fondamentaux de la foi chrétienne est, pour tout croyant, profondément émouvante.

Cyrille mourut en 444. Avec Athanase et bien d'autres, il a profondément réfléchi à ce mystère fondamental de la foi chrétienne : la nature du Christ. Il a réfuté avec vigueur, et même avec violence, la séparation radicale que certains voulaient trouver entre l'humanité et la divinité de Jésus. Il est l'un des Docteurs de l'Église.

**Naissance de l'Église copte :
le concile de Chalcédoine**

Le concile d'Éphèse n'allait pas mettre le point final à ces discussions. Un troisième moment de cette réflexion sur la nature du Christ allait suivre de quelques décennies à peine le concile d'Éphèse. Il allait, encore une fois, mettre en scène un évêque égyptien et l'évêque de Constantinople, appuyé par des légats de l'évêque de Rome.

L'évêque égyptien s'appelait Dioscore. Il était patriarche d'Alexandrie et comme ses prédécesseurs, notamment Cyrille, il voulait éradiquer les dernières traces de nestorianisme dans l'Église. Il appuya donc les positions d'Eutychès, un moine grec d'un monastère proche de Constantinople. Eutychès soulignait lourdement « l'Unique nature du Verbe incarné » ; mais à force de le voir insister là-dessus, certains évêques commencèrent à craindre que cette position ne vienne à diminuer la réalité de la nature humaine de Jésus.

Pour trancher, l'empereur byzantin Marcien convoque en 451 un autre concile, qui se réunira à Chalcédoine, dans la périphérie de Constantinople (aujourd'hui, il s'agit d'un quartier d'Istanbul). Les évêques sont près de 350 à venir de tout l'Empire, donc beaucoup plus nombreux qu'à Nicée ou à Éphèse. De Rome, le pape, conscient de l'importance de l'événement, envoie des légats pour défendre l'orthodoxie de la foi.

Le concile de Chalcédoine est tout autant un événement d'Église qu'une joute d'influence entre deux grandes métropoles, Constantinople et Alexandrie, sous le regard sourcilleux de l'évêque de Rome qui craint qu'on ne porte atteinte à ses prérogatives. Les ambitions humaines se mêlent donc aux débats théologiques.

Les Pères conciliaires condamnent certaines formules d'Eutychès et proclament que Jésus Christ est à la fois vrai Dieu et vrai homme, en « une seule personne et deux natures, sans confusion, sans changement, sans division et sans séparation ».

Dioscore ne s'étant pas présenté au concile, les Pères conciliaires le déposent de son épiscopat. Les fidèles d'Alexandrie se rallient autour de leur patriarche et Dioscore refuse de céder son siège, rompant avec Constantinople et Rome.

La rupture de l'Église d'Égypte avec le reste de l'Église universelle, après Chalcédoine, va donc constituer le premier schisme d'importance dans l'histoire du christianisme. Il va créer l'Église copte, et les chrétiens d'Égypte vont poursuivre leur chemin éloigné de la communion universelle.

Le conflit, qui portait sur des concepts que le vocabulaire grec de l'époque avait beaucoup de difficulté à cerner adéquatement, était, comme on l'a dit, de nature surtout politique. Le concile lui-même avait reconnu cela : le patriarche de Constantinople a ainsi pu déclarer devant les Pères conciliaires que « Dioscore n'a pas été déposé pour la foi, mais parce qu'ayant été cité trois fois à comparaître, il n'est pas venu » à Chalcédoine.

À l'époque moderne, le pape Paul VI et le patriarche copte-orthodoxe d'Alexandrie Chenouda III se sont rencontrés pour renouer les liens rompus. Dans une déclaration de mai 1973 d'une grande élévation de style et qui témoigne d'une même ferveur et d'un même attachement à Jésus et à son message, ils reconnaissent partager la même foi et reprennent en détail le *Credo,* pour montrer la convergence des vues des deux Églises sur les questions fondamentales de la doctrine.

La foi chrétienne se précise

En dehors de ces grandes disputes, d'autres penseurs et théologiens orientaux raffinent la pensée chrétienne. Ainsi, Jean Chrysostome, né à Antioche (Syrie), a été surtout un grand éducateur : il avait une éloquence et un charisme tels qu'il a reçu le surnom de « Bouche d'or » (Chrysostome en grec). Il avait le don d'examiner les questions de l'actualité de son temps à travers le prisme de l'Évangile. Il nous a aussi laissé de magnifiques commentaires de l'Écriture.

Un seul exemple illustrera la puissance, la clarté et la beauté de sa parole. Dans une de ses homélies où il demande au chrétien : « Veux-tu honorer le corps du Christ ? », il s'écrie :

> Car celui qui a dit : « Ceci est mon corps », est le même qui a dit : « Vous m'avez vu affamé et vous

ne m'avez pas nourri. » Quelle utilité à ce que la table du Christ soit chargée de coupes d'or, quand lui meurt de faim ? Rassasie d'abord l'affamé et orne ensuite sa table. Tu fabriques une coupe d'or et tu ne donnes pas une coupe d'eau. En ornant sa maison, veille à ne pas mépriser ton frère affligé : car ce temple-ci est plus précieux que celui-là [...] Et toi, tu honores l'autel qui reçoit le Corps du Christ et tu méprises celui qui est le corps du Christ. Cet autel-là, partout il t'est possible de le contempler, dans les rues et sur les places ; et à toute heure tu peux y célébrer ta liturgie.

Ces fortes paroles, cette image éloquente, n'évoquent-elles pas pour nous la vision de l'Église du pape François, dans la droite ligne de l'Évangile des Béatitudes et de la pensée de Paul, pour qui la charité transcende tout ?

D'autres penseurs et théologiens orientaux ont marqué les débuts de l'Église. On peut notamment citer trois d'entre eux, parmi les plus importants : Basile de Césarée et son frère Grégoire de Nysse, et leur ami Grégoire de Naziance.

Basile de Césarée était le plus actif, le plus entreprenant des trois. Il a ainsi écrit de façon inlassable à tous les hommes de pouvoir de son temps ; sa pensée et ses écrits ont poussé encore plus loin la réflexion de l'Église sur l'Esprit Saint ; il a introduit le monachisme en Cappadoce (Turquie) et a créé une liturgie encore bien vivante aujourd'hui, plus d'un millénaire et demi plus tard.

Son frère Grégoire de Nysse et leur ami Grégoire de Naziance sont, quant à eux, plus portés à la vie contemplative qu'à l'action. Cependant, Grégoire de Nysse a largement contribué à répandre la pensée de Basile, tandis que Grégoire de Naziance a réfléchi en poète au mystère de Jésus.

Qui peut ignorer l'apport fondamental d'Augustin à l'évolution de la doctrine chrétienne ? Augustin était un « Algérien »; le Maghreb ne faisant pas, à strictement parler, partie de l'Orient, nous n'examinerons pas longuement le rôle de l'évêque d'Hippone (aujourd'hui Annaba, en Algérie). On ne peut cependant passer sous silence l'importance de sa pensée et de ses écrits, par exemple pour une compréhension plus profonde du mystère de l'Esprit Saint ou du Salut apporté par le Christ dans l'histoire.

Les chrétiens d'Orient des premiers siècles, véritablement ravis par ce printemps de la foi qu'ils vivaient, le chantaient dans des œuvres d'une grande poésie. Deux exemples, parmi des dizaines d'autres, illustreront ce lyrisme.

Augustin, parlant de Dieu et de l'appel du divin qu'il a reçu après une vie de désordres, écrit dans ses *Confessions* :

> Bien tard je t'ai aimée,
> Ô beauté si ancienne et si nouvelle,
> Bien tard je t'ai aimée !
> Et voici que tu étais au-dedans, et moi au-dehors

Et c'est là que je te cherchais, [...]
Tu as appelé, tu as crié et tu as brisé ma surdité ;
Tu as brillé, tu as resplendi
Et tu as dissipé ma cécité ;
Tu as embaumé, j'ai respiré et haletant j'aspire à toi ;
J'ai goûté, et j'ai faim et soif ;
Tu m'as touché et je me suis enflammé pour ta paix.

Éphrem le Syrien était, quant à lui, originaire de Nisibe, une ville à la frontière de la Syrie et de la Turquie. Devenu diacre, il mena une vie d'ascète et composa en syriaque – un dialecte de l'araméen, la langue du Christ – des hymnes nombreuses et si belles que certains hagiographes (les biographes des saints) affirmèrent qu'il était « la harpe de l'Esprit Saint ». On en jugera mieux par son *Hymne pour l'Ascension* :

Du ciel il est descendu comme une lumière,
de Marie il est né comme germe divin,
de la croix il est tombé comme un fruit,
au ciel il est monté comme prémices.
Bénie soit sa volonté !

Un apport fondamental

Nous n'avons esquissé que dans les très grandes lignes la naissance, le développement et l'apport des chrétientés d'Orient à la foi, à l'Église et au christianisme en général, au cours des quatre ou cinq premiers siècles qui suivirent la mort du Christ.

Cet apport a été fondamental. Résumons : les évêques, les saints et les penseurs de l'Orient ont diffusé la nouvelle foi, l'ont définie dans un corps de doctrine qui est encore le nôtre, deux millénaires plus tard, avant de passer le relais aux penseurs et aux théologiens de l'Occident : Augustin, à cheval entre l'Europe et l'Afrique, Ambroise, Jérôme, Césaire d'Arles, Cassien, Isidore de Séville, Irénée de Lyon (qui est d'ailleurs né en Asie Mineure).

D'ailleurs, les querelles sur le gnosticisme, l'arianisme, le nestorianisme ou sur la nature du Christ, malgré leur âpreté et même leur violence, malgré le fait qu'elles aient débouché sur le premier schisme dans l'Église, celui des chrétiens d'Égypte, ont néanmoins été le cadre essentiel pour mieux cerner, dans la très modeste mesure de l'esprit humain, le mystère divin.

Ainsi, le cardinal Daniélou, le grand théologien jésuite du 20e siècle, n'hésitait pas à voir dans les hérésies un facteur de progrès : sans les combats des Pères orientaux pour réfuter Arius ou Nestorius, nous n'aurions pas compris l'égalité pleine et entière du Père et du Fils, ou la divinité de l'Esprit Saint, ou le mystère de la Trinité. Les Pères orientaux ont été les premiers théologiens du christianisme. Ils sont, à cet égard, non seulement des Docteurs de la Foi, mais aussi les Pères de la Foi. Ils ont été les pédagogues essentiels des premiers chrétiens, et de ceux qui les ont suivis, jusqu'à nos jours.

Mais les chrétiens d'Orient ne se contentaient pas de réfléchir, de se quereller ou de prier : ils acceptaient aussi de mourir pour leur foi ; leur fidélité au Christ va inaugurer ce thème éminemment chrétien de l'acceptation de la souffrance et de la mort par attachement à Dieu.

L'Antiquité touche à sa fin, le christianisme triomphe partout ; malgré le transfert de la capitale impériale à Constantinople, l'Église de Rome émerge de plus en plus comme l'Église-mère et son évêque comme le pasteur de tous ; l'Orient, qui a vu la naissance de la foi en Jésus et qui a assuré sa diffusion et sa compréhension, va demeurer assurément chrétien et continuera à inonder de sa lumière le monde chrétien.

Un millénaire et demi plus tard, le christianisme d'Orient est acculé dans ses derniers retranchements. Les enfants d'Athanase ou de Jean Chrysostome vivent une Passion qui est ignorée de beaucoup. Que s'est-il donc passé ?

Il est temps de mieux connaître cette épopée de résistance et de courage.

3

La chrétienté en Égypte : les coptes

Un jour du mois d'avril de l'an 47, un navire pénètre dans l'Eunostos (le Port de la Bonne-Arrivée), le grand port d'Alexandrie. À son bord, un homme d'âge mûr dévore du regard les magnifiques édifices de la grande métropole de la Méditerranée, plus belle même, disent certains, que Rome, la capitale de l'Empire.

À peine à terre, l'homme demande le chemin de la plus proche synagogue. On lui indique la direction du quartier juif; il entre dans un bel édifice: quelques fidèles lisent à voix basse, en hochant la tête, dans une pénombre propice à la méditation, des pages de la Torah.

Le voyageur se présente: il se nomme Marc, il vient d'arriver de Rome; il a beaucoup voyagé dans les îles et les pays de la mer des Romains. Il a visité à plusieurs reprises, au cours des années précédentes, le pays d'Israël, où il est né. Il semble dévoré d'un feu intérieur et ses aventures paraissent merveilleuses aux anciens de la synagogue, dont la plupart n'ont jamais quitté Alexandrie. On l'invite donc à venir prêcher le sabbat suivant.

La nouvelle de cet événement se répand comme une traînée de poudre dans le quartier juif. La synagogue est donc pleine à craquer quand Marc se lève pour parler. Mais au lieu d'évoquer, comme on s'y attend dans cette ville d'Égypte, l'Exode et les merveilles de Moïse, il se met à parler d'un certain Jésus, un homme qu'il admire de toute son âme, qu'il a croisé quand il était encore tout jeune, quelque 15 ans plus tôt. Ce juif arpentait alors les chemins de Juda, de la Galilée et même de la Samarie hérétique en parlant de son «Père» qui était dans les cieux, et en évoquant l'arrivée imminente d'un «royaume des cieux».

Marc dit venir de Rome, où un certain Pierre, un pêcheur palestinien récemment installé dans la capitale, lui a confié une mission. «Va», lui a dit Pierre, qui était le meilleur ami de ce Jésus, «va parler du Seigneur au peuple d'Alexandrie.»

L'exhortation de saint Marc dans une des multiples synagogues d'Alexandrie fait entendre pour la toute première fois le message du Christ en terre égyptienne.

Mais si le christianisme fait alors son apparition en Égypte, son fondateur, Jésus, était déjà venu un demi-siècle plus tôt sur les rives du Nil.

> Après leur [les Rois Mages] départ, voici que l'Ange du Seigneur apparaît en songe à Joseph et lui dit: «Lève-toi, prends avec toi l'enfant et sa mère, et fuis en Égypte; restes-y jusqu'à nouvel ordre, car Hérode va rechercher l'enfant pour le faire périr.» Joseph se leva, prit avec lui l'enfant et sa mère, de nuit, et se retira en Égypte. Il

y resta jusqu'à la mort d'Hérode, pour que s'accomplisse ce qu'avait dit le Seigneur par le prophète : *D'Égypte, j'ai appelé mon fils.*

Ces versets de saint Matthieu sont, encore aujourd'hui, la gloire et la consolation des chrétiens d'Égypte. Ils s'enorgueillissent de la venue, dans leur pays, de l'Enfant Jésus. Mille et une traditions sont nées autour de ce séjour. Il n'y a pas une seule localité de la Vallée du Nil qui n'assure que l'Enfant et ses parents y ont fait escale, s'y sont reposés ou même y ont vécu pendant leur exil. Des pèlerinages rassemblent chaque année des dizaines de milliers de fidèles dans les sanctuaires qui auraient accueilli la Sainte Famille. Et certains de ces lieux sont même désignés sites patrimoniaux. C'est notamment le cas d'un sycomore de la banlieue du Caire, à l'ombre duquel Joseph, la Vierge et l'Enfant se seraient reposés, et qui est maintenant sous la protection de la police.

La première évocation de l'évangélisation de l'Égypte par saint Marc date de près de deux cents ans après ce séjour alexandrin. On la trouve dans l'œuvre d'Origène, puis chez Eusèbe. Mais une forte tradition égyptienne affirme non seulement que l'évangéliste a bel et bien semé les premières graines du christianisme en Égypte, mais qu'il y aurait été martyrisé : arrêté par les Romains, il aurait été attaché à un char et traîné dans les rues de la ville jusqu'à sa mort, en avril 68.

Marc arrivait à Alexandrie en terrain propice : la grande ville de la Méditerranée, la seconde en importance après Rome, abritait une communauté juive très importante et solidement enracinée. Comme Paul, comme Barnabé, comme Pierre, Marc a dû vouloir convertir à la nouvelle foi tout d'abord ses coreligionnaires juifs. Les premiers chrétiens d'Égypte auraient ainsi été des juifs. Leur langue, comme celle de toute l'élite de la ville, était le grec.

Comment le christianisme s'est-il ensuite répandu, pendant les premières décennies, au sein de la population autochtone ? Nous n'en savons à peu près rien. La découverte toute récente en Haute-Égypte d'un fragment de papyrus datant de la fin du premier siècle ou du tout début du second, avec un verset de l'évangile de Jean, prouve cependant que la nouvelle foi n'était plus cantonnée dans la capitale, mais avait probablement déjà des adeptes dans les « nomes », ces capitales provinciales qui jalonnaient le Nil. On peut donc imaginer que la population de ces nomes, qui comprenait, à côté des colons grecs et des fonctionnaires romains, une majorité d'Égyptiens adorateurs de Râ ou d'Isis, commençait à se rallier à la Bonne Nouvelle venue d'au-delà du Sinaï.

Ce bout de papyrus a été trouvé non loin de la localité de Nag Hammadi, en Haute-Égypte. Or, cette ville est célèbre dans tous les milieux qui étudient les premiers temps de l'Église. C'est en effet à Nag Hammadi que deux frères, deux jeunes fellahs, découvrirent en 1945 dans une grotte une jarre enfouie dans le sol. Elle contenait treize codex écrits en copte, qui datent du 4e siècle mais sont souvent la traduction d'écrits grecs plus anciens, datant du 2e siècle.

Ces écrits, après mille et une tribulations, sont aujourd'hui conservés au Musée copte du Caire. Ils portent essentiellement sur la doctrine gnostique, mais contiennent d'autres textes antiques, depuis un exemplaire complet de l'Évangile de Thomas jusqu'à des fragments de l'œuvre de Platon.

Ces manuscrits de Nag Hammadi sont essentiels à tous les chercheurs qui veulent comprendre ces temps anciens, et se comparent en importance aux manuscrits de la mer Morte.

**Alexandrie,
centre du christianisme hellénistique**

La nouvelle foi se répand donc en Égypte de plus en plus vite au 2e siècle, et Alexandrie ne tarde pas à devenir le centre du christianisme hellénistique. Comme les discussions et les controverses commencent à surgir entre eux, les Alexandrins éprouvent le besoin de mieux s'informer afin de fixer et de transmettre en termes clairs les enseignements de la foi. À la fin du 2e siècle, ils créent ainsi une des institutions chrétiennes les plus influentes de l'Antiquité, le Didascalée.

Le Didascalée est la première école théologique d'Alexandrie et probablement la première de tout le monde chrétien. Fondée vers 180 par Pantène, elle va occuper une place centrale dans les grands débats de l'Église des débuts. Elle va attirer certains des plus grands penseurs et théologiens chrétiens : Clément d'Alexandrie, Origène d'Alexandrie, Grégoire de Naziance et surtout Athanase et Cyrille. On peut dire que le Didascalée a été une véritable matrice des Pères de l'Église. Fortement influencée par la philosophie grecque, elle prend le contrepied des Pères d'Antioche, qui adoptent une interprétation plus littéraliste de l'Écriture.

Le monachisme naît en Orient : Antoine et Pacôme

Nous avons déjà vu le rôle central d'Athanase et de Cyrille dans la défense et le développement de la foi et dans la fixation des termes du Credo. Mais pendant que ces géants de la pensée bataillent partout dans l'Empire pour combattre les hérésies, une autre révolution, plus discrète celle-là, au moins au début, va créer sur les rives du Nil l'une des institutions centrales du christianisme : le monachisme.

Le tout commence vers l'an 250, dans un petit village de la Haute-Égypte appelé Coma, dans l'actuelle province de Fayoum. Un garçon naît dans une famille chrétienne, et ses parents lui donnent le nom d'Antoine. Un jour, âgé de 20 ans, il lit le chapitre 19 de l'Évangile de Matthieu. Au jeune homme qui lui demande ce qu'il doit faire pour être parfait, Jésus dit : « Si tu veux être parfait, va, vends ce que tu possèdes, donne-le aux pauvres, et tu auras un trésor dans les cieux. Puis viens, suis-moi ! »

À cette lecture, Antoine est foudroyé. Et, contrairement au jeune homme de l'Évangile, « il [ne] s'en alla [pas] tout triste » ; bien au contraire, il vend tous ses biens et les distribue aux pauvres. Puis il se retire dans le désert, près de la Vallée du Nil, où il s'absorbe dans une vie de prières et d'ascèse. Sa réputation grandit très vite et il est rejoint par de nombreux disciples.

Mais Antoine veut vivre en solitaire : chaque fois que le désert autour de lui commence à se peupler d'anachorètes, il part plus loin et il finit par s'installer dans une grotte lointaine, près de la mer Rouge. D'autres disciples décident cependant de l'y rejoindre, et, un jour, il reçoit la visite d'un jeune Alexandrin nommé Athanase, qui l'aimera et le fréquentera assidûment, vivant même durant deux ans dans une grotte voisine. Saint Athanase écrira d'ailleurs une *Vie* de saint Antoine le Grand, qui fixera pour la postérité l'image de cet humble amoureux du Christ, aux combats épiques contre le démon. Il mourra en 356, plus que centenaire, entre les bras d'un de ses disciples, saint Macaire l'Égyptien.

L'importance d'Antoine dans la vie et la spiritualité de l'Église ne saurait être minimisée. Il a institué l'érémitisme, cette vie d'anachorète solitaire consacrée à l'adoration de Dieu. Il a contribué à donner leurs lettres de noblesse à la solitude, à la chasteté, la pauvreté, la prière, la méditation et l'ascèse.

Son exemple a inspiré d'autres jeunes Égyptiens, dont certains allaient cependant suivre une voie différente.

Vers l'an 292, un enfant naît dans une famille païenne de la Thébaïde, dans l'actuel Nag Hammadi (Haute-Égypte), non loin de Louxor. Ses parents le nomment Pacôme. Au sortir de l'adolescence, il est enrôlé dans l'armée de l'occupant romain. Quand il est démobilisé et sans ressources, des villageois chrétiens le recueillent. Touché par leur charité, il se convertit à leur foi.

Le désert de la Thébaïde, omniprésent dans cette vallée enserrée entre deux océans de sable, attire le jeune Pacôme. Il s'y retire, comme cet Antoine dont il a vaguement entendu parler (et qu'il a peut-être rencontré plus tard). Il mène tout d'abord une vie d'ermite solitaire.

Comme pour Antoine, son exemple attire d'autres jeunes gens, qui tout d'abord vivent isolés dans le désert. Pacôme se convertit peu à peu à l'idée d'une communauté de vie de tous ceux qui veulent se consacrer à l'adoration divine. Il rassemble certains ermites autour de lui et fonde le premier monastère. Pour mieux organiser la vie communautaire, il développe une règle, qu'il écrit en copte, la seule langue qu'il connaisse, et qui est dérivée de l'ancien égyptien.

La communauté partagera des moments de prière et de travail, tout en préservant des heures de solitude. Elle mènera une vie de chasteté, de pauvreté et d'obéissance. La mortification n'est plus nécessaire.

Sa sœur Marie est séduite par cette vie commune consacrée à la prière. Elle fonde, sur l'autre rive du Nil, un monastère pour femmes, et y adopte la règle rédigée par son frère.

Plusieurs monastères sont ensuite créés en Égypte. Les gens viennent de partout pour vivre et prier dans les monastères pacômiens. La règle de Pacôme est traduite en grec et en syriaque. Saint Jean Chrysostome l'adapte pour les couvents grecs de la Syrie. Puis saint Jérôme, qui vient en Égypte, la traduit en latin. Benoît de Nursie, le grand saint Benoît, s'en inspire ensuite pour la règle de ses couvents, et à sa suite, tous les moines d'Occident seront les fils spirituels de Pacôme. Toutes les règles des ordres fondés en Occident en adopteront les grandes lignes : franciscains, cisterciens, dominicains, jésuites, sans oublier les nombreuses congrégations féminines.

Saint Pacôme meurt en 346, dix ans avant Antoine. Ces deux géants de la foi, ces deux chrétiens égyptiens, ont établi sur une base solide l'un des piliers de l'Église : le monachisme sous toutes ses formes, érémitisme, cénobitisme ou vie communautaire dans le siècle.

Le monachisme va devenir l'un des marqueurs les plus importants de la vie spirituelle de l'Église d'Égypte. Pendant près de deux millénaires, les prières des moines scanderont les tribulations des chrétiens de la Vallée du Nil ; les moines joueront aussi un rôle essentiel dans l'éducation de la foi et le leadership de la communauté copte.

Un peuple profondément religieux

Pendant qu'Athanase et Cyrille bataillent pour contrer les hérésies qui se multiplient et qu'Antoine et Pacôme vont rencontrer le divin dans la solitude des déserts, Rome s'inquiète de l'augmentation constante des chrétiens dans l'Empire. Les chrétiens égyptiens paient un lourd tribu lors de la persécution de Dèce, en l'an 250. Mais c'est la persécution de Dioclétien qui reste gravée à jamais dans la mémoire et la sensibilité des chrétiens d'Égypte.

L'empereur Dioclétien lance sa persécution contre les chrétiens partout dans l'Empire en l'an 303. Son légat en Égypte est particulièrement zélé, et des milliers de chrétiens égyptiens subissent un martyre quelquefois violent.

Combien seront-ils qui donneront leur vie? Nous avons vu que des historiens ont évoqué le chiffre de 10 000 martyrs. Le traumatisme est terrible. Et quand la persécution cesse, quelques années plus tard, sous Constantin, les chrétiens d'Égypte décident que leur ère commencera la première année du règne de Dioclétien, l'an 284, et sera appelée, pour d'évidentes raisons, l'Ère des Martyrs.

Constantin, arrivé au pouvoir, décrète donc la fin des persécutions. La religion chrétienne devient licite, puis religion d'État au 4e siècle. En Égypte, les conversions du paganisme au christianisme se multiplient. Vers la fin du 5e siècle, la grande majorité de la population est chrétienne et le pays compte jusqu'à cent évêchés.

Les rares fidèles de la religion des Pharaons se réfugient de plus en plus en Haute-Égypte. Le dernier temple païen actif a été le temple d'Isis, sur l'île de Philae (à Assouan). Vers l'an 530, l'empereur Justinien ordonne la fermeture de ce temple. Les dernières braises d'une religion qui a régné sur l'Égypte pendant plus de quatre millénaires viennent de s'éteindre. Mais elle aura marqué le peuple égyptien de manière indélébile: quelle que soit la religion qu'il adoptera, celui-ci sera toujours un peuple religieux.

Une même foi, deux Églises

Le triomphe du christianisme a aussi déclenché l'ouragan des discussions théologiques et des hérésies; nous avons vu les débats autour de l'arianisme et du nestorianisme, dans lesquels les Égyptiens Athanase et Cyrille ont joué un rôle majeur. Rappelons brièvement que l'une des dernières controverses théologiques aura un grand impact sur la chrétienté égyptienne.

Vers le milieu du 5e siècle, partout dans les milieux chrétiens, une discussion passionnée fait rage: Jésus Christ, qui est Dieu et homme, a-t-il deux natures dans ses deux personnes? Ou a-t-il une seule nature qui persiste dans ses personnes humaines et divines? La discussion est ésotérique; elle oppose le patriarche de Constantinople, appuyé par l'évêque de Rome, à celui d'Alexandrie. Un concile est convoqué par l'empereur byzantin à Chalcédoine. Le concile tranche en faveur de la thèse défendue par le patriarche de Constantinople et proclame que Jésus Christ est à la fois Dieu et homme en «une seule personne et deux natures, sans confusion, sans changement, sans division et sans séparation». Le patriarche d'Alexandrie, piqué au vif, se retire dans son pays et ses fidèles le suivent en masse. Le premier schisme dans l'histoire de l'Église vient de se produire; il donnera naissance à l'Église copte-orthodoxe, qui vivra dorénavant repliée sur elle-même.

Les historiens d'aujourd'hui soulignent, à propos de Chalcédoine, les luttes d'égos et les difficultés de langage. Sur le plan du dogme, rien d'essentiel ne sépare l'église copte-orthodoxe de l'Église universelle. En 1973, les papes de Rome et d'Alexandrie, Paul VI et Chenouda III, signèrent un texte conjoint qui reprend l'essentiel des dogmes de la foi chrétienne : rien, de fait, ne les sépare, sinon le poids de l'histoire.

Mais le peuple égyptien suivit ses évêques, qui résistaient à la mainmise de Constantinople sur eux. Les chrétiens d'Égypte seront dorénavant appelés « monophysites », en référence à leur croyance en une seule nature dans le Christ.

L'islamisation de l'Égypte

Au début du 7ᵉ siècle, deux invasions se suivent coup sur coup en Égypte : tout d'abord, le pays est envahi par les Perses ; les Égyptiens, maintenant tous chrétiens, les accueillent en libérateurs, croyant qu'ils vont les débarrasser de la lourde tutelle de Constantinople ; mais l'empereur byzantin chasse les Perses et rétablit son pouvoir en Égypte.

Par conséquent, quelques années plus tard, quand un autre conquérant déboule du Sinaï vers la Vallée du Nil, les Égyptiens espèrent que cette fois-ci sera la bonne, que le nouveau venu chassera les Grecs de Constantinople et qu'ils pourront ensuite vivre libres et heureux. Ils se trompaient sur tous les plans.

Cet envahisseur s'appelle Amr ibn al-As ; c'est un guerrier arabe, qui pénètre en Égypte à la tête de quelque quinze mille cavaliers et chameliers. Il vient de participer, deux ans plus tôt, à la conquête de la ville de Jérusalem. En Égypte, l'armée byzantine ne résiste pas longtemps aux assauts des guerriers du désert ; elle est défaite dans une première bataille, livrée dans le site de l'actuel Vieux-Caire.

Les Arabes se dirigent ensuite vers Alexandrie. La capitale résiste près de seize mois, puis est emportée d'assaut en 643. L'islamisation de l'Égypte commence.

Il est hors de notre propos de relater l'extraordinaire fait d'armes qu'a été la chevauchée des armées musulmanes au 7e siècle à la conquête du monde alors connu. Il nous suffit de dire ici que les Arabes furent d'abord bien accueillis par les Égyptiens, puisqu'ils avaient débarrassé le pays des Byzantins honnis. D'ailleurs, au début, Amr ibn al-As se montra adroit ; il ramena le patriarche monophysite sur le siège d'Alexandrie et ne perçut pas la « jizya », l'impôt spécial imposé par l'islam aux chrétiens et aux juifs. Il agissait ainsi parce qu'il ne disposait que d'une armée relativement peu nombreuse et voulait éviter les soulèvements dans le vaste et populeux pays de quinze millions d'habitants. De plus, il entendait poursuivre ses conquêtes vers l'Ouest et ne laisser en Égypte qu'une petite garnison.

En arrivant au pays, les Arabes demandèrent quel en était le nom. On leur dit : Aigyptos, qui était le nom grec dérivé du nom pharaonique Hou-Ka-Ptah (le château de l'âme de Ptah) ; ce dernier vocable était le nom que les Anciens Égyptiens donnaient au temple de Ptah dans Memphis, leur première capitale ; Ptah était l'un des principaux dieux de leur panthéon, et le nom de son temple en vint à désigner le pays tout entier.

Les guerriers d'Amr ibn al-As déformèrent ce mot en « kebt (pluriel : akbat) », qui évolua pour devenir « coptes ». Au début, le mot désignait tous les Égyptiens ; mais, au fil des conversions, les adeptes de la foi islamique devinrent des musulmans, tandis que les « coptes » étaient les chrétiens.

La lune de miel entre les Égyptiens et les Arabes ne dura qu'une quarantaine d'années ; dès la fin du 7e siècle, les conquérants imposèrent l'arabe au détriment du copte (la langue égyptienne dérivée du pharaonique) dans les documents officiels ; ils perçurent la jizya, l'impôt des infidèles, et se saisirent de nombreux monastères et biens ecclésiastiques. La conséquence de ces politiques n'allait pas tarder à se manifester : de nombreux coptes abandonnèrent leur foi pour se faire musulmans.

Le Pacte d'Omar

Ce mouvement se précipita lorsque, vers le 10e siècle, un ensemble de lois et de directives vint encadrer le comportement des gouverneurs musulmans (nommés par les califes de Damas, puis de Bagdad) à l'égard des chrétiens.

Cet ensemble de textes est connu sous le nom de Pacte d'Omar ; les obligations et les interdits imposés aux chrétiens donnent le tournis : ils doivent s'habiller de bleu, accrocher au cou le reçu de paiement de la jizya, ne jamais monter à cheval mais toujours à dos d'âne, dont ils doivent d'ailleurs descendre quand ils croisent un musulman, marcher toujours à gauche (côté impur) de la chaussée, ils ne peuvent construire ou réparer leurs lieux de culte sans la permission du plus haut représentant du pouvoir. Cette dernière interdiction donne lieu, même aujourd'hui, à des excès kafkaïens.

Plus tard, sous le régime ottoman, quand les sultans d'Istanbul occuperont l'Égypte au début du 16e siècle, ces brimades s'accentueront encore : le chrétien qui croise un musulman devra se prosterner devant lui et les églises devront être partiellement enterrées.

Le statut des chrétiens est aussi relégué à celui de « dhimmis ». Ce terme arabe désigne l'habitant non musulman d'un État musulman, à qui les autorités garantissent la sécurité pourvu qu'il paie la jizya et un autre impôt foncier spécifique et qu'il respecte les obligations d'un «pacte» de protection faisant de lui un citoyen de seconde classe.

Devant cette détérioration de leurs droits, les chrétiens d'Égypte sont de plus en plus nombreux à abandonner leur foi pour l'islam. Malgré ces brimades et quelques épisodes de violence, on estime que la population égyptienne était encore majoritairement chrétienne jusqu'au 11e siècle; puis, une violente persécution déclenchée par un calife fanatique, Al-Hakim bi Amr Allah, entraîna la mort de milliers de martyrs. Ce fut à cette époque que, d'après les historiens, l'Égypte bascula majoritairement dans l'islam.

Les coptes commencèrent à vivre dans les marges de la société; leur clergé avait de moins en moins de formation religieuse, la liturgie stagnait. Leur langue même se détériorait: Al-Hakim bi Amr Allah interdit à tous les Égyptiens de parler une autre langue que l'arabe. La langue copte se réfugia dans de lointains villages, d'où elle ne disparut totalement qu'au 18e siècle. Dernier avatar de la langue des Pharaons, elle subsiste aujourd'hui dans la liturgie des coptes, même si certains activistes essaient de la ressusciter dans quelques villages éloignés de la Haute-Égypte.

Quand les mamelouks (une caste militaire d'origine turque) prirent le pouvoir en Égypte au 13e siècle, la situation des coptes devint tragique.

Les nouveaux dirigeants étaient particulièrement fanatisés à l'égard des dhimmis et les persécutaient sans relâche.

La flamme du christianisme vacillait en Égypte. On aurait pu craindre qu'elle ne s'éteignît pour de bon. Ce qui la sauva, ce fut l'exil des coptes loin du Caire, donc loin du centre du pouvoir : ils partirent vers le sud profond, dans la Haute-Égypte, ou dans les quelques monastères du désert qui subsistaient encore, et se firent invisibles et silencieux. On ne peut s'empêcher ici d'évoquer, devant cet exil dans leur propre pays et cette quasi-disparition publique des coptes, le sort des premiers chrétiens de Rome, obligés eux aussi de se cacher dans des catacombes.

**Présence européenne
et renouveau du christianisme égyptien**

La toute première lueur de renouveau survint quand Bonaparte envahit l'Égypte, à la fin du 18ᵉ siècle. Soudain, les coptes se rendirent compte qu'au-delà des mers, les «Francs», comme on appelait les Européens, n'étaient soumis ni à la jizya, ni à l'impôt foncier, ni au Pacte d'Omar, ni aux brimades et à l'humiliation.

Après le départ de l'armée de Bonaparte, qui n'avait occupé le pays que pendant trois ans, des dirigeants égyptiens éclairés se tournèrent vers l'Europe pendant tout le 19ᵉ siècle ; de nombreuses écoles s'ouvrirent dans le pays, tenues par des missionnaires, notamment français; les riches fermiers coptes y envoyèrent leurs enfants et il se créa bientôt une élite copte qui, comme toutes les élites minoritaires, excellait dans les affaires et dans les professions libérales. Peu à peu, les coptes revinrent dans la vie publique. Et, dans les années 1860, la jizya, l'impôt des infidèles, fut abolie dans la jurisprudence égyptienne.

Le 19ᵉ siècle vit également la création d'autres Églises coptes, à côté de l'Église copte-orthodoxe : il y eut tout d'abord, sous l'impulsion de missionnaires européens (franciscains et jésuites), la « conversion » de certains coptes au catholicisme.

Ce n'était d'ailleurs pas la première tentative occidentale pour effacer les conséquences du schisme de Chalcédoine. Les Européens avaient découvert l'existence de cette Église de l'ombre lors des Croisades. Saint Louis fut prisonnier en Égypte et saint François d'Assise vint au Caire pour débattre avec les autorités de religion et de foi, dans ce qui est probablement le premier dialogue islamo-chrétien de l'histoire.

En route vers la Terre sainte, François s'arrête à Damiette, à la pointe droite du delta du Nil. Le gouverneur du lieu l'invite à se rendre au Caire, où il passe une semaine en discussions avec le sultan du temps, sans réussir à convertir ses hôtes, qui, eux non plus, ne parviennent pas à amener à l'islam ce « Franc » très curieux.

Au 15ᵉ siècle, après le concile de Florence, le pape fit des avances au patriarche copte d'Alexandrie ; ce dernier fut séduit et signa un accord d'union avec Rome. Mais ses évêques et ses fidèles refusèrent de le suivre et la tentative d'union avorta.

En 1622, la Sacra Congregatio de Propaganda Fide envoya quelques émissaires en Égypte, sans grand résultat ; les tentatives d'union se poursuivirent pendant le reste du 17ᵉ siècle, mais échouèrent à leur tour.

Ne réussissant pas à ramener toute l'Église copte dans le giron de Rome, les Franciscains, au 18ᵉ siècle, se décidèrent à ramener quelques-uns de ses fidèles au catholicisme. On a un décompte précis de ces coptes ralliés alors à Rome dans certains villages, et qui sont les premières pousses de ce qui deviendra, à la fin du 19ᵉ siècle, l'Église copte-catholique.

Par ailleurs, en 1882, la Grande-Bretagne occupa l'Égypte, qui devint l'un des joyaux de son empire. Des missionnaires anglais et américains suivirent les troupes anglaises ; ils créèrent des Églises coptes protestantes. Aujourd'hui, les coptes-catholiques (qui ont un patriarcat indépendant) et les coptes-protestants ne représentent toutefois qu'une infime minorité des coptes, qui sont encore, massivement, membres de leur première Église, l'Église copte-orthodoxe, celle qui s'était séparée de l'Église universelle après le concile de Chalcédoine.

L'âge d'or des relations islamo-chrétiennes

La première moitié du 20ᵉ siècle fut le véritable âge d'or de la coexistence des musulmans et des coptes depuis la conquête d'Amr ibn al-Ass, au 7ᵉ siècle. Plusieurs facteurs contribuèrent à cette évolution : le pays s'était modernisé très vite ; son ouverture à l'Occident avait entraîné des résultats spectaculaires. De nombreuses communautés étrangères s'y étaient installées, depuis les Italiens et les Grecs qui voulaient échapper aux conditions difficiles dans leurs pays jusqu'aux milliers de réfugiés chrétiens qui fuyaient les pogroms ou les persécutions en Turquie, en Arménie ou en Syrie : Arméniens, Libanais, Syriens, Assyriens, etc. Par ailleurs, une florissante communauté juive occupait, dans les milieux des affaires et de la culture, d'importantes responsabilités au Caire et à Alexandrie.

Du côté de l'islam, une des plus importantes tentatives de modernisation de l'interprétation des textes sacrés avait eu lieu en Égypte, au tournant du 20ᵉ siècle ; elle était le fait de penseurs laïques et surtout du cheikh d'Al-Azhar (le chef de la mosquée-université d'Al-Azhar, au Caire, qui est le centre de l'islam sunnite), le cheikh Mohamed Abdou.

Il avait repris une discussion qui s'était interrompue dans l'islam depuis le 9ᵉ siècle : fallait-il lire les textes sacrés (Coran, hadiths, etc.) littéralement, ou les placer dans le contexte dans lequel ils étaient nés ? Il penchait pour une interprétation non littéraliste. Ces réflexions amenèrent un renouveau dans l'islam et par conséquent permirent une décrispation des relations des musulmans égyptiens avec leurs concitoyens chrétiens.

Bien plus, dans ce bouillonnement, un penseur musulman égyptien publia un essai affirmant l'égalité complète des hommes et des femmes ; il exhortait tous les Égyptiens à traduire cette égalité dans les lois et dans les faits. Cet essai date de 1905 et précède de plusieurs décennies les essais féministes en Occident.

Peu à peu, dans l'esprit des citoyens, l'idée d'une nation égyptienne commençait à remplacer l'appartenance religieuse comme marqueur identitaire. Les événements politiques permirent à ce processus de se précipiter.

Depuis que les Anglais avaient occupé le pays en 1882, les élites égyptiennes aspiraient à l'indépendance. Le combat pour la liberté fut mené par des bourgeois musulmans tout autant que chrétiens ; des prêtres coptes allèrent prêcher la cause nationale dans des mosquées, tandis que des imams d'Al-Azhar faisaient de même dans les églises. Du jamais vu dans l'histoire des pays musulmans.

Dans les manifestations populaires de masse, les coptes et les musulmans marchaient côte à côte, et tombaient ensemble, morts ou blessés, sous les balles de l'armée d'occupation. Le drapeau égyptien était frappé de la croix et du croissant.

Il y eut même un premier ministre copte en 1910 (un fanatique musulman l'assassina); il s'agissait de Boutros Ghali, le grand-père de l'ex-ministre égyptien, secrétaire général de l'ONU et secrétaire général de la Francophonie du même nom.

Entre les deux guerres mondiales, les partis politiques comprenaient des coptes, les universités avaient de nombreux professeurs coptes et les Égyptiens, musulmans et chrétiens confondus, vivaient dans les mêmes villes, les mêmes quartiers, les mêmes immeubles, dans une harmonie qu'on n'avait encore jamais vue dans un pays à majorité musulmane. Et les coptes se réjouirent, comme les autres Égyptiens, de l'indépendance complète de leur pays, en octobre 1956, quand le dernier soldat britannique quitta enfin la zone du canal de Suez.

L'égalité citoyenne était-elle enfin pleinement arrivée sur les rives du Nil ? Un miracle était-il en train de se produire ?

Pendant ces développements remarquables, la contre-offensive contre les vues libérales du cheikh Mohamed Abdou couvait.

La contre-offensive des Frères musulmans

En 1928, dans une ville de province égyptienne, un jeune prêcheur inconnu, outré de voir que le Coran n'était pas interprété littéralement, réunit autour de lui quelques amis et disciples, qui jurèrent de rétablir l'islam dans sa pureté originelle.

Le prêcheur s'appelait Hassan el Banna, et l'association qu'il venait de créer prit le nom de Confrérie des Frères musulmans.

Elle se répandit très vite dans les quartiers démunis des villes et des villages égyptiens. Mais son influence n'était pas encore visible.

Au début des années 1950, quand le coup d'État de Nasser renversa la monarchie, les coptes, qui vivaient depuis plus d'un demi-siècle dans la paix et l'harmonie avec leurs voisins musulmans, pensaient que le pire était passé, que leur statut de citoyens à part entière était maintenant enraciné dans la psyché nationale, comme il l'était dans les lois.

Ils se trompaient. Leurs tribulations allaient recommencer.

La liturgie des coptes

Disons en terminant quelques mots de la liturgie des coptes, sensiblement différente de la liturgie latine. Elle peut d'ailleurs, à première vue, désorienter un participant non initié.

Les coptes, comme tous les chrétiens orientaux d'ailleurs, ont gardé des premiers temps de leur Église un sens très fort du mystère. Ils ont hérité de leurs aïeux, les anciens Égyptiens, un net sentiment du merveilleux dans l'appréhension du divin.

Leur liturgie a beaucoup recours aux manifestations du sensible, contrairement à la liturgie latine, plus axée sur la prière intime. Leurs célébrations religieuses sont des manifestations populaires tout autant que la célébration de mystères et l'invocation de la divinité.

Ce qui ne veut pas dire que la célébration de l'Eucharistie soit pour eux radicalement différente des messes célébrées partout ailleurs dans le monde, y compris dans l'Église latine ; elle comprend, en gros, les mêmes parties : lectures de l'Écriture (beaucoup plus élaborées et longues), son interprétation (souvent par des fidèles instruits auxquels le prêtre délègue cette tâche), transsubstantiation du pain et du vin en corps et sang du Christ, longues litanies de louange et de grâces au Seigneur ; la récitation du *Notre-Père* précède enfin la communion, qui est prise sous les deux espèces, le pain étant ici du vrai pain, et non pas sous la forme d'une hostie.

Leurs églises sont souvent carrées, et les hommes se rassemblent d'un côté et les femmes de l'autre. Au fond, trois autels sont séparés de la nef par de hautes boiseries sculptées ; l'autel du centre est celui où le prêtre célèbre le mystère divin ; les deux autres permettent aux communiants (à droite) et aux communiantes (à gauche), de se rassembler avant la communion. Partout, de nombreuses icônes, dont certaines sont très anciennes et presque rudimentaires, rappellent les grands saints de la Vallée du Nil.

Une brève évocation de la célébration de la Semaine sainte chez les coptes illustrera ce mélange de ferveur, de joie populaire, de spontanéité en même temps que de révérence et de mysticisme, qui caractérise leurs liturgies.

La célébration du Vendredi saint commence tôt dans la journée ; certains fidèles se rendent à l'église dès l'aube. Ils sont tous habillés de noir, la couleur du deuil.

Le prêtre, les diacres et la foule rappellent dans ses moindres détails la Passion du Christ en de nombreuses psalmodies menées par des chantres qui cognent sans arrêt des cymbales l'une contre l'autre, ou utilisent des triangles.

De temps en temps, les mélopées s'interrompent pour permettre au prêtre ou aux diacres d'expliquer à la foule haletante les étapes du calvaire du Christ. Puis les incantations reprennent sans fin, produisant un effet hypnotique sur l'assistance, qui se prosterne profondément et se frappe la poitrine à coups redoublés.

Vers la fin de l'après-midi, un net changement d'ambiance se produit dans l'assistance. Une grande tension semble s'abattre sur la foule ; c'est que le Christ est mort et doit être mis au tombeau. Le prêtre se saisit d'un crucifix posé sur un lit de pétales blancs et mauves et commence une lente procession dans les travées de l'église, suivi par les chantres gémissants.

Aussitôt, des cris, des gémissements, des lamentations jaillissent de la foule ; des femmes pleurent ; les fidèles veulent toucher le crucifix, pendant que les cognements stridents des cymbales et le sec claquement du triangle hachurent les lamentations des chantres ; le chagrin est à son comble, car le Christ est mort.

Le crucifix est enfin déposé dans une boîte en bois, qu'on referme sur lui ; Jésus vient d'être enterré, mais il ressuscitera le lendemain. La cérémonie se termine par de grandes prosternations des fidèles, qui scandent quatre cents fois de suite le kyrie eleison, cent fois tournés vers chacun des quatre points cardinaux. Leur rassemblement aura duré huit heures pour la plupart, plus de dix heures pour les plus ardents.

À la sortie de l'église, les gens chuchotent et échangent des condoléances. La mort de Jésus n'est pas une abstraction ; il est vraiment mort pour eux et ils en sont profondément bouleversés.

Le soir, chez eux, les fidèles sont silencieux, presque tristes, et le repas est frugal. La mort du Christ est commémorée dans les foyers aussi bien qu'à l'église. Et le Samedi saint se passe dans le silence ; les chrétiens restent enfermés dans leurs maisons.

L'ambiance de la messe de minuit est radicalement différente. Autant le Vendredi saint avait été triste, autant la nuit de la Résurrection sera exubérante.

Les fidèles se rendent au sanctuaire vers 22 h ; ils en sortiront à trois heures du matin.

Les églises sont bondées ; de multiples psalmodies rappellent les promesses de Dieu et l'annonce par Jésus de sa Résurrection. Au bout de nombreuses litanies, une expectative soudaine semble tendre tous les esprits ; le prêtre s'est enfermé seul dans le sanctuaire ; il est invisible derrière les boiseries de l'iconostase ; tous les cierges sont soufflés, les lampes éteintes et une profonde obscurité fait planer dans l'église une tension palpable, presque intolérable.

Un dialogue s'établit entre le prêtre invisible et un diacre ; le ton des deux officiants est d'une intensité dramatique. Soudain, le diacre lance un grand cri, le prêtre donne un violent coup dans les deux panneaux de bois de la porte qui ferme l'autel, et simultanément un millier de cierges et de lampes sont allumés et répandent une vive clarté, tandis que des enfants font éclater d'inoffensifs pétards à l'entrée de l'église.

Les fidèles tombent dans les bras les uns des autres, s'embrassent et se congratulent : la porte du tombeau vient de s'ouvrir, le Christ est ressuscité, la vie triomphe de la mort, la joie règne et ses manifestations sont bruyantes et bon enfant.

De retour chez eux, les fidèles poursuivent les festivités jusqu'à l'aube.

On le voit donc, la liturgie, la spiritualité même des coptes est affaire de corps et de sensibilité tout autant que d'intellect. La foi n'est pas seulement pour eux question de méditation, de prière individuelle ou même de rassemblements dominicaux : elle rythme leur vie, bouleverse leur cœur et fait partie de leur quotidien. Pour eux, le mystère est omniprésent, et Jésus est bien vivant.

4
Les chrétiens du Proche-Orient

Pour un Occidental, l'univers des chrétiens d'Orient semble d'autant plus mystérieux qu'on évoque devant lui des coptes et des grecs, des catholiques et des orthodoxes, de nombreux patriarcats, sans parler d'une multitude de titres ecclésiastiques. Un peu dérouté par cette abondance de désignations, le chrétien d'Occident, élevé depuis l'enfance dans la conviction que l'Église de Rome, constituant un bloc monolithique conduit par un seul pasteur, représente l'essentiel de la chrétienté, est tenté de voir dans les chrétiens d'Orient une simple curiosité, un reliquat archéologique. Toutefois, les choses changent depuis que le sort de ces lointains cousins est de plus en plus évoqué dans les médias.

On sait maintenant que les coptes sont les chrétiens d'Égypte. L'autre grand bloc de chrétiens d'Orient est celui des fidèles qui habitent, pour l'essentiel, à l'est de la mer Méditerranée, le Croissant fertile : Palestine, Jordanie, Israël, Liban, Syrie et Irak.

Ces chrétiens sont eux aussi les habitants originaux de cette région. Vivant au cœur même de l'univers où le christianisme est né, ils sont littéralement les premiers chrétiens ; l'Église de Jérusalem, fondée par les apôtres, est la première

Église chrétienne. Le premier saint chrétien est un juif converti, Étienne, qui a donné sa vie pour sa foi. Et leurs liturgies se font dans une large mesure dans les langues parlées par leurs aïeux au moment de leur conversion au christianisme.

Nous avons déjà évoqué les missions et les voyages de Paul, de Pierre et de leurs disciples dans les différentes régions du Proche-Orient. Dès la prédication de Paul et surtout après la mort des Apôtres et des disciples de leur génération, la nouvelle foi se détache de plus en plus de ses racines judaïques. Ce processus est accéléré après la prise de Jérusalem par le général romain Titus en l'an 70, qui disperse dans l'Empire un grand nombre de chrétiens de la Palestine, et notamment ceux de la Ville sainte.

Dès le 3e siècle, les populations de la Grande Syrie sont essentiellement christianisées (comme en Égypte). Non seulement la nouvelle foi a-t-elle conquis les grandes villes, mais elle s'est aussi répandue dans les campagnes. Elle atteint de plus en plus à l'est la Mésopotamie (Irak) et l'Arménie. Pendant ce temps, le christianisme en Occident reste confiné surtout dans les villes, notamment à Rome.

Peu à peu, une division ecclésiastique s'établit entre les principales régions de la Méditerranée orientale, et quatre grandes villes deviennent les points d'ancrage des fidèles du Christ : Alexandrie, Jérusalem, Antioche et Constantinople.

Leurs évêques prennent le titre de « patriarches », c'est-à-dire de chefs des fidèles des régions qui relèvent politiquement ou culturellement de ces quatre grandes villes. Les patriarches sont donc les primats des évêques de ces grandes régions. On reconnaît par ailleurs, au début de façon informelle, la primauté du « patriarche de Rome ». Rappelons que l'évêque de cette ville ne portera le titre de « pape » qu'au 4e siècle.

Sur le plan politique, cette région a fait partie, comme l'Égypte, de l'Empire romain à partir du 1er siècle avant Jésus Christ ; c'est d'ailleurs pourquoi un procurateur romain, Ponce Pilate, a entériné la crucifixion du Christ. Mais quand l'Empire romain se divise en deux parties (l'Empire d'Occident et l'Empire d'Orient) au 5e siècle, toute la région à l'est et au sud de la Méditerranée tombe dans le giron de l'Empire d'Orient.

Or, la capitale de l'Empire d'Orient est Byzance, la grande cité sur le Bosphore, entre la mer Noire et la Méditerranée. L'Empire d'Orient sera dorénavant connu sous le nom d'Empire byzantin, même quand sa capitale changera de nom et deviendra Constantinople.

Pour bien situer les chrétiens du Proche-Orient dans la grande histoire, il faut aussi dire un mot de la multiplicité des langues parlées dans l'Empire byzantin.

La langue officielle de l'Empire est le grec. Elle est la langue de l'administration, la langue de la culture et la langue des élites. Elle deviendra la lingua franca de l'Église d'Orient (comme le latin sera la lingua franca de l'Église d'Occident), et une bonne partie des écrits des Pères orientaux sera en grec.

Mais le peuple des fidèles parle d'autres langues, ses langues patrimoniales. Les coptes, nous l'avons vu, s'expriment en une langue dérivée de la langue pharaonique. Les habitants de la Grande Syrie (Syrie, Liban, Jordanie, Israël et Palestine) parlent l'araméen (la langue de Jésus), tandis que les habitants de la Mésopotamie (Irak et sud de la Turquie) utilisent des langues dérivées de l'araméen.

Ces langues ont évolué différemment (un peu comme le français et l'espagnol, tous deux issus du latin). Elles portent donc des noms différents. Dans le sud de la Turquie et le nord de l'Irak, ce sera le syriaque. Dans les plaines et les montagnes de la Chaldée (l'actuel Irak), ce sera le chaldéen.

Les liturgies qui vont se fixer au cours de ces siècles utiliseront l'une ou l'autre de ces trois langues : grec, syriaque ou chaldéen.

C'est pourquoi, lorsqu'on désigne aujourd'hui un groupe important de ces chrétiens d'Orient sous le nom de grecs-orthodoxes, ou encore de grecs-catholiques, il ne faut pas les confondre avec les Grecs, car ils ne sont ni ethniquement, ni linguistiquement grecs. Le mot « grec » dans la désignation de leurs Églises découle du fait que leur liturgie a longtemps été et est encore partiellement en langue grecque ; mais ils prient aujourd'hui essentiellement en arabe, ils sont de culture arabe et ils appartiennent en fin de compte au monde arabe.

D'autres Églises d'Orient utilisent le syriaque dans leur liturgie. Il s'agit surtout de celles qui existent dans le sud de la Turquie et le nord de l'Irak. D'autres enfin utilisent le chaldéen (Irak).

Les grandes querelles théologiques des 3e et 4e siècles, qui divisent les communautés d'Orient et mènent aux premières hérésies et aux premiers schismes, ne portent pas seulement sur des points de dogme et de doctrine ; elles sont exacerbées par les attentes et les ambitions des prélats et des élites des quatre métropoles chrétiennes.

En effet, les évêques, les clergés et les fidèles de ces Églises défendent non seulement telle ou telle formulation de la foi, mais aussi les prérogatives, la culture et l'identité des Égyptiens (patriarcat d'Alexandrie), ou des juifs convertis de Palestine (patriarcat de Jérusalem), ou des Syriens (patriarcat d'Antioche), ou des Grecs de l'Asie Mineure (patriarcat de Constantinople).

Par ailleurs, chacun des patriarches des quatre villes veut obtenir une certaine primauté d'honneur sur les autres. Cette primauté devrait-elle revenir au chef de l'Église de Jérusalem, l'Église-mère de toutes les autres ? Ou au patriarche d'Alexandrie, la capitale culturelle du monde hellénistique ? Ou à celui de Constantinople, le protégé de l'empereur byzantin ? Ou à celui d'Antioche, la première ville en dehors de la Palestine où la Bonne Nouvelle a été proclamée ? Et, devant ces ambitions ouvertement affichées, l'évêque de Rome, le successeur de Pierre, devint de plus en plus sourcilleux.

L'histoire va trancher entre ces multiples ambitions. Rappelons que l'Église d'Égypte se sépare des autres Églises au concile de Chalcédoine, en 451. La majorité des autres évêques de l'Orient, pour leur part, se rallient alors au point de vue du patriarche de Constantinople appuyé par l'évêque de Rome.

Ces évêques et leurs fidèles, ralliés au dogme de Chalcédoine, sont alors appelés « melkites », ce qui signifie « partisans de l'empereur ». En effet, l'empereur byzantin, irrité par les chicanes théologiques et voulant asseoir la primauté de Byzance-Constantinople dans son empire, avait soutenu le patriarche de Constantinople. Encore aujourd'hui, les chrétiens orientaux de rite grec sont appelés « melkites ».

Les chrétiens de la Grande Syrie

Après le concile de Chalcédoine et la rupture égyptienne, Antioche, la grande métropole syrienne, voit son rôle renforcé dans les communautés chrétiennes, d'autant plus que, selon les *Actes des Apôtres*, c'est à Antioche que furent convertis les premiers «Gentils», les non-juifs. Mais les fidèles du patriarcat syrien étant sous l'influence politique et culturelle de Constantinople, ils abandonnent peu à peu leur langue vernaculaire (l'araméen et sa variante syriaque) et adoptent le grec dans leur liturgie.

Ils doivent cependant résister aux pressions de plus en plus impérieuses du patriarcat de Constantinople, qui veut être, sous l'Empire byzantin, le seul représentant des chrétiens d'Orient auprès de Rome ; les difficultés grandissantes entraînent alors un repli sur la communauté et favorisent le développement d'une grande spiritualité. La vitalité de ces communautés syriennes, qui s'était déjà exprimée dans les premiers temps, s'épanouit alors avec certains des plus grands Pères de l'Église.

Il faut rappeler ici brièvement ces grands saints du Croissant fertile : Jean Chrysostome, dont l'éloquence brûlante alliée à une foi inébranlable en font une grande figure lumineuse ; Jean Damascène, moins connu que l'autre illustre Jean, est le premier saint qui ait écrit en arabe et qui ait tenté un dialogue, au 7ᵉ siècle, avec les musulmans qui venaient d'envahir la Syrie ; Basile, enfin, fait le lien entre le monachisme égyptien et le monachisme occidental ; son souci des pauvres, son ascèse, sa rigueur doctrinale justifient amplement le titre de Basile le Grand que lui donnent toutes les Églises chrétiennes.

Entre le moment où toute cette région devient chrétienne (3e-4e siècle) et l'invasion arabo-musulmane (7e siècle), un grand mouvement monastique, inspiré d'abord par le monachisme égyptien mais qui prend de plus en plus des accents originaux, s'épanouit dans la Grande Syrie. Un des représentants de l'ascétisme extrême des moines syriens est saint Siméon le Stylite, qui vécut au début du 5e siècle non loin de l'actuelle Alep. Juché au sommet d'une colonne dont il ne descendait jamais (d'où son surnom, *stylos* signifiant « colonne » en grec) et sur laquelle il pouvait s'asseoir ou s'agenouiller, mais non pas se coucher, il était nourri par les fidèles qui lui montaient de la nourriture dans un panier hissé par des cordes.

Les chrétiens de la Grande Syrie, sous la gouverne de Constantinople, abandonnent donc leur langue vernaculaire, l'araméen, et adoptent le grec comme langue liturgique. Même s'ils reconnaissent la primauté du pape de Rome jusqu'au Grand Schisme d'Orient (au 11e siècle), ils sont fortement influencés par leur maître politique, l'empereur byzantin, et n'ont que fort peu de contacts avec l'Église latine d'Occident. Et quand l'Église de Constantinople se sépare de Rome en 1054, ces fidèles portent dorénavant le nom de grecs-orthodoxes, même si leur Église ne s'est jamais véritablement disputée avec Rome ou séparée de Rome.

Entre-temps, leurs langues vernaculaires ont changé, et la langue de leurs prières aussi. Dans la cité et dans l'église, ils s'expriment de plus en plus en arabe.

En effet, les fidèles de la Grande Syrie sont les premières communautés chrétiennes que rencontrent les musulmans lors des débuts de la conquête arabe, au 7ᵉ siècle. Quatre ans après la mort de Mohammad, en 632, les légions musulmanes quittent la péninsule Arabique et se lancent à la conquête du monde. La première ville d'importance dont ils s'emparent est Jérusalem, en 637.

Le calife Omar se trouve pour la première fois devant une communauté chrétienne importante ; il doit alors décider du statut de ces « Gens du Livre » (chrétiens et juifs) ; selon certains historiens, il édicte alors un certain nombre de règles connues sous le nom de Pacte d'Omar, qui encadrent les obligations des monothéistes non musulmans à l'égard des autorités et des fidèles musulmans. Selon d'autres, ce « Pacte » serait en fait une compilation, faite plusieurs siècles plus tard, de multiples décisions prises entre-temps par les gouvernants musulmans, et ne serait donc pas l'œuvre du calife Omar.

Nous avons vu que ce texte stipule que les chrétiens et les juifs doivent payer une taxe spéciale et ont des droits moindres que ceux des musulmans. En contrepartie, le calife leur accorde sa protection et leur permet une forme restreinte de pratique de leur religion.

Le Pacte d'Omar, son interprétation et ses développements ultérieurs vont devenir, au cours des siècles, l'horizon ultime de tous les chrétiens d'Orient. En effet, les cavaliers arabes se saisissent en moins d'un siècle de tout le sud de la Méditerranée, depuis l'Espagne à l'ouest jusqu'à la Syrie et la Mésopotamie à l'est ; l'Empire byzantin se rétrécit comme une peau de chagrin et ne comprend plus, pour l'essentiel, que l'Asie Mineure (Turquie). Les populations chrétiennes d'Orient ne sont pas maîtresses en leurs propres pays : après avoir été gouvernées par les Byzantins, elles sont dorénavant soumises aux Arabes.

Les nouveaux conquérants sont cependant fascinés et séduits par la culture de ces « melkites ». Les savants et les lettrés chrétiens traduisent en arabe l'essentiel de la culture grecque antique, de la culture hellénistique et de la culture byzantine. Ces textes arabes, traduits ensuite en latin, serviront, à la Renaissance, à la redécouverte par l'Occident de l'Antiquité méditerranéenne.

Ces chrétiens de la Grande Syrie seront aussi les grands commis des califes arabes et formeront un rouage important de l'économie et du commerce du nouvel empire ; ils auront ainsi joué un rôle majeur dans l'élaboration et l'épanouissement de la civilisation arabo-musulmane.

Ils sont à leur tour fortement influencés par leurs nouveaux maîtres ; ils adoptent leur langue et la liturgie se fait bientôt presque exclusivement en arabe. Ils continuent cependant, pendant les premiers siècles de l'Empire arabe, à avoir une vie spirituelle vigoureuse et le monachisme continue de fleurir en leur sein.

Les choses commencent à changer dès le 11e siècle ; d'abord, les Croisés leur imposent des évêques latins, et les évêques grecs-orthodoxes doivent entrer en clandestinité ; puis, les Mongols, sous Baïbars, détruisent Antioche, et l'antique patriarcat doit déménager à Damas (tout en gardant son nom de patriarcat d'Antioche) ; de plus, les mamelouks et les Turcs, qui gouvernent tour à tour la Grande Syrie après la chute du califat de Bagdad, infligent aux chrétiens de terribles persécutions ; des milliers de fidèles sont martyrisés, des centaines de couvents et d'églises détruits ; plus tard, dans les années 1850, dix mille chrétiens de Damas sont égorgés par les Druzes ; et, devant ces assauts répétés, les conversions des fidèles à l'islam se multiplient.

Entre-temps, Rome, qui redécouvre à la Renaissance ces fidèles d'Orient, exerce de fortes pressions sur les patriarches d'Antioche pour qu'ils lui fassent allégeance et, au début du 18e siècle, certains des fidèles rejoignent officiellement l'Église latine et prennent le nom de grecs-catholiques.

Ces chrétiens sont alors ballottés entre les puissances européennes : la Russie appuie les grecs-orthodoxes, la France les grecs-catholiques, et bientôt les missionnaires anglais et américains en convertissent quelques-uns au protestantisme.

De plus, la curie romaine, obnubilée jusqu'à Vatican II par une vision étroite de l'unité de l'Église, se méfie de ces chrétiens différents et essaie de les « latiniser » de force et de toutes les façons, allant même jusqu'à créer en 1847 un « Patriarcat latin de Jérusalem », dirigé par des Italiens, jusqu'à la nomination en 1987 du premier patriarche palestinien.

Cette « protection » des Occidentaux fait du tort aux chrétiens arabes. En effet, leurs gouvernements et leurs compatriotes musulmans les associent ainsi aux puissances coloniales occidentales et soupçonnent en eux des traîtres en puissance. Jusqu'à aujourd'hui, cette association entre le chrétien autochtone et l'Occident « chrétien » reste vive dans l'esprit de nombreux musulmans.

Les Églises grecque-catholique et grecque-orthodoxe de Grande Syrie dépérissent ainsi lentement ; on aurait pu croire, au début du 20ᵉ siècle, qu'elles étaient destinées à mourir d'une mort lente ; mais les laïcs de ces deux Églises font alors pression sur leurs hiérarchies pour qu'elles effectuent un renouveau spirituel et liturgique. Et les chrétiens participent activement, en Syrie, en Jordanie, au Liban et en Palestine, aux combats politiques de leurs pays, notamment à la lutte anticolonialiste, prélude aux indépendances nationales. Ils peuvent donc espérer, dans les années 1950, un nouveau départ, une sorte de nouveau contrat social avec les gouvernements et les populations musulmanes.

Ils se trompent. Leurs tribulations vont recommencer.

Les chrétiens d'Irak et de Turquie

Tandis que les grecs-orthodoxes et les grecs-catholiques, fortement hellénisés, délaissent graduellement dans leurs liturgies leur langue autochtone (l'araméen), pour adopter d'abord le grec, puis l'arabe, d'autres chrétiens du Croissant fertile vont s'accrocher bien plus longtemps à leurs langues d'origine, le syriaque et le chaldéen, qui sont, on l'a vu, des langues dérivées de l'antique araméen.

Ces communautés plus conservatrices ont réussi à préserver leur héritage linguistique parce qu'elles étaient plus éloignées de la civilisation hellénistique et byzantine ; contrairement aux grecs-catholiques et aux grecs-orthodoxes, elles ne vivent pas dans les pays du littoral, mais plutôt dans l'intérieur.

Les deux grandes régions qui ont vu leur naissance et leur épanouissement sont le sud-est de l'Asie Mineure (notamment autour de la ville d'Édesse) et le nord de la Mésopotamie ; aujourd'hui, il s'agit du sud-est de la Turquie et du nord de l'Irak.

Dès leur conversion au christianisme, les gens de ces régions développent une foi ardente et créent des communautés vivantes. Cependant, après le concile de Chalcédoine, ils rompent avec les autres Églises, comme les coptes d'Égypte. Et, comme pour les coptes, l'une des difficultés pour eux provient du fait que, dans leur langue, les notions de « nature » et de « personne » (du Christ) que débattent ardemment les évêques réunis en concile ne se distinguent pas nettement.

Il en résulte que ces Syriaques, comme on les a appelés en les désignant du nom de leur langue, ont constitué la deuxième Église monophysite dans l'histoire du christianisme, après l'Église copte. Et comme pour ces derniers, on constate aujourd'hui que les débats passionnés de Chalcédoine ne touchaient pas au cœur même de la foi commune. Néanmoins, leur séparation du reste de l'Église a conduit à les désigner sous le nom de syriens-orthodoxes.

Les Syriaques poursuivent après Chalcédoine leur vie communautaire et religieuse d'une façon vigoureuse, même après l'invasion arabe et l'établissement du califat à Bagdad. Ils introduisent lentement des éléments d'arabe dans leur liturgie et certains de leurs pasteurs sont de grands penseurs et de grands écrivains. Le plus connu de ceux-ci est un évêque du 13ᵉ siècle nommé Bar Hebraeus; grand philosophe, médecin et pasteur émérite, il est le dernier écrivain de langue syriaque.

Hélas, comme pour tant d'autres communautés chrétiennes d'Orient, l'arrivée au pouvoir, à partir du 13ᵉ siècle, des mamelouks et des Turcs ottomans entraîne d'atroces persécutions contre les Syriaques. Ils se replient dans des coins montagneux inaccessibles pour échapper à leurs oppresseurs, ce qui n'empêche pas les pogroms de se poursuivre, même à l'époque moderne; ainsi, en 1895, les Turcs les poursuivent de la même vindicte qu'ils avaient contre les Arméniens, et trois mille d'entre eux sont brûlés vifs dans la cathédrale d'Édesse où ils s'étaient réfugiés.

On estime qu'un tiers environ des chrétiens du sud-est de la Turquie (dans la région du Tour Abdine) ont été massacrés au début du 20ᵉ siècle; dans la seule ville de Mardin, 96 000 d'entre eux sont tués.

Ces siècles de repli et de persécution entraînent la déchéance sociale et intellectuelle de la communauté, jusqu'au 20ᵉ siècle. Des dizaines de couvents sont abandonnés et des centaines d'églises sont en ruine; des ouvrages contemporains racontent avec une poignante mélancolie la redécouverte de ces vestiges d'une communauté fortement enracinée et aujourd'hui détruite par les persécutions[1].

Comme les autres Églises orientales, l'Église syrienne-orthodoxe a vécu une renaissance au début du 20ᵉ siècle, qui s'est interrompue brutalement dans le dernier tiers du siècle, lorsque les troubles politiques et le réveil de l'islamisme ont commencé à convulser l'Orient.

Les Syriaques ne sont pas les seuls chrétiens ayant parlé des langues dérivés de l'araméen; un autre groupe, aujourd'hui connu sous le nom de chaldéens, est originaire du centre de la Mésopotamie (Irak).

Au 5ᵉ siècle, ces chrétiens adoptent les thèses hérétiques de Nestorius et sont alors appelés nestoriens. Ils portent résolument leurs regards vers l'Est et envoient des missionnaires en Perse, dans l'Himalaya et jusqu'en Chine. Une stèle

---

1. On peut notamment mentionner, en français: Sébastien de COURTOIS, *Périple en Turquie chrétienne,* Paris, Presses de la Renaissance, 2009, et en anglais: William DALRYMPLE, *From the Holy Mountain, A Journey in the Shadow of Byzantium,* Penguin Books, 1998.

découverte dans ce pays et qui porte des inscriptions en syriaque et en mandarin confirme la présence, depuis des temps anciens, de chrétiens nestoriens dans l'Empire du Milieu.

Ces chrétiens, qui vivent dans l'orbite directe de Bagdad, capitale de l'empire arabo-musulman, se font discrets; comme tant d'autres communautés chrétiennes d'Orient, ils vivent surtout dans des zones isolées ou dans les périphéries de leur pays.

Au 16ᵉ siècle, à la suite d'approches de la part de Rome et de conflits entre membres de la hiérarchie nestorienne, un évêque nestorien rejoint officiellement l'Église catholique et fonde ainsi ce qu'il est convenu depuis lors d'appeler l'Église chaldéenne.

Ces chrétiens catholiques seront, comme leurs compatriotes nestoriens, ballottés par les événements politiques de cette région. Les nestoriens tout autant que les chaldéens ont cru un moment aux promesses de la Grande-Bretagne qui, pendant la Première Guerre mondiale, leur a promis de créer un grand État « assyrien » indépendant à la fin de la guerre pour abriter les chrétiens. Mais elle ne fait rien quand les Turcs annexent ces régions en 1925. Les chrétiens deviennent alors des réfugiés dans leurs terres ancestrales et sont victimes de massacres perpétrés par des Turcs et des Irakiens.

De multiples exodes s'ensuivent. Aujourd'hui, une bonne partie des chrétiens nestoriens ou chaldéens vit en Occident et l'on trouve la plus grande concentration de ces chrétiens arabes d'origine syriaque à Chicago.

Les maronites

Les maronites sont probablement aujourd'hui le groupe de chrétiens d'Orient le mieux connu en Occident. Pour une majorité des opinions publiques occidentales, ils doivent, hélas! cette notoriété à l'épouvantable guerre civile qui a ravagé leur pays, le Liban, dans le dernier quart du 20e siècle. Mais pour les historiens et pour tous ceux qui s'intéressent aux chrétientés d'Orient, cette communauté est, depuis des siècles, la représentation et le symbole même de solides noyaux chrétiens au sein de l'univers musulman.

Leur histoire est aussi complexe et a suivi autant de méandres que celle des autres Églises chrétiennes du Proche-Orient. De fait, elle a commencé exactement comme celle de tous les autres chrétiens orientaux évangélisés dans les premiers siècles. Mais, au terme d'une longue évolution, elle a fini par provoquer, plus que pour tout autre groupe, une fusion complète entre la foi et une forte identité nationale.

Ceux que nous appelons les maronites étaient, au début du christianisme, des populations rurales des vallées de la Grande Syrie. Ils parlaient donc l'araméen, devenu ensuite le syriaque. Tôt convertis au christianisme, ils dépendaient au début du patriarcat d'Antioche.

Vers la fin du 4e siècle, un anachorète, saint Maron, rassemble dans la vallée de l'Oronte, en Syrie, une communauté d'ermites qui pratiquent une ascèse rigoureuse. Les maronites considèrent saint Maron comme le fondateur de leur Église. Ils affirment que leur nom dérive du sien même si, selon certains historiens, cette appellation leur vient d'autres personnages célèbres, portant aussi le nom de Maron, qui auraient vécu bien plus tard.

On ne reviendra pas ici en détail sur les convulsions qui ont entouré, partout en Orient, les débats théologiques sur les liens entre la nature et la personne du Christ, et qui, après le concile de Chalcédoine, ont mené à la création, en Égypte et en Syrie, d'Églises monophysites. Pour leur part, les communautés paysannes des vallées de Syrie et du Liban optent pour l'acceptation et le respect des décrets chalcédoniens. Comme elles sont entourées de monophysites (concentrés dans les grandes villes, comme Antioche), ces ruraux éprouvent le besoin de se rassembler, de se serrer les coudes; on peut trouver là le début de ce phénomène de solidarité si puissant dans la psyché des maronites, ainsi que la racine de leur sentiment d'isolement.

Les maronites sont ainsi, depuis l'Antiquité, en accord avec les options théologiques de l'Église universelle, même si, à cause de leur isolement, ils suivent de très loin son évolution et n'ont, au début, qu'une vague connaissance de la primauté de l'Église de Rome et de son évêque sur tout le monde chrétien.

Cette fidélité ne les protégera pas, au fil des péripéties politiques, de l'animosité des tenants du monophysisme, ou de celle de l'empereur byzantin, pourtant grand défenseur de la foi chalcédonienne. Ainsi, à la fin du 7e siècle, les troupes byzantines massacrent plusieurs centaines de moines du couvent de saint Maron.

Les maronites comprennent alors que, tant qu'ils vivront dans la grande plaine syrienne, ils seront des proies faciles pour les envahisseurs (byzantins ou arabes). Ils se réfugient alors graduellement dans les montagnes du Liban et de l'Anti-Liban, dont les vallées encaissées entre de hautes montagnes leur fournissent des refuges naturels.

Cette migration marque la naissance de ce qu'il faut bien appeler la conscience nationale des maronites, qui va s'identifier peu à peu au Liban.

De petits groupes de ces agriculteurs restent cependant dans la plaine de l'Oronte, tandis que d'autres décident de prendre la mer pour chercher refuge, et se retrouvent à Chypre, où subsistera une communauté maronite jusqu'à l'invasion de l'île par les Turcs ottomans.

Au début de la conquête arabe, au 7ᵉ siècle, sous le règne des califes omeyyades, les maronites, isolés dans leurs montagnes, ne sont guère inquiétés par les nouveaux maîtres. Mais quand le califat passe de Damas à Bagdad, les califes abbassides se montrent beaucoup moins conciliants et les persécutent; les échauffourées éclatent entre les musulmans et ces chrétiens dont la vie rude en montagne a fait une population ombrageuse, qui sait défendre ses libertés.

L'esprit d'indépendance et d'isolement des maronites est mis à rude épreuve au moment des Croisades. Les croisés leur imposent des prélats latins, qui ne parlent ni le syriaque, la langue de leurs ancêtres encore vivante dans certains villages, ni l'arabe, qu'ils adoptent de plus en plus, comme tous les peuples conquis par les musulmans.

Mais les maronites prennent une conscience plus vive, au contact des croisés, de l'existence de Rome et de l'importance de la papauté. Ils se rendent compte que leur choix de suivre les enseignements du concile de Chalcédoine, qui a fait d'eux des parias théologiques au milieu de la majorité des autres chrétiens d'Orient, les a en réalité toujours unis à l'Église universelle.

Ils tirent une grande fierté de cette découverte, et ne cesseront de proclamer, dans les siècles qui suivront, qu'ils ont toujours été « catholiques ». Comme tous les autres chrétiens orientaux, cela ne les empêche pourtant pas, au moment des Croisades, d'être découverts à leur tour par les Occidentaux avec stupéfaction et de se voir, à leur grand dam, décrits dans une bulle papale comme des « hérétiques repentis ».

Quand, à partir du 13ᵉ siècle, les mamelouks gouvernent tout le Proche-Orient, ils décident de réduire l'indépendance des maronites et mettent le pays à feu et à sang. Afin de survivre, les maronites se réfugient encore plus loin dans les montagnes du Liban et accrochent leurs villages à des sommets presque inexpugnables.

Sous les coups de boutoirs des mamelouks, ils survivent pourtant à peine ; un de leurs patriarches est fait prisonnier et brûlé vif ; leur clergé est ignorant et la liturgie en syriaque presque incompréhensible, y compris pour leurs patriarches.

Les persécutions des mamelouks ont failli, ici comme ailleurs en Égypte et au Proche-Orient, éradiquer complètement le christianisme, et ici comme ailleurs, les fidèles qui résistaient à cette entreprise de mort ont dû fuir dans les périphéries de leurs États ou dans des régions inhospitalières.

Pour les maronites, la situation commence à changer au 16ᵉ siècle. Et ce changement résulte d'une évolution majeure en Europe : la Renaissance, d'abord italienne puis continentale.

Après leur départ de l'Orient au Moyen-Âge à la fin des Croisades, les Occidentaux ont perdu de vue ce coin du monde et le pèlerinage à Jérusalem est devenu une entreprise dangereuse, sinon quasi impossible.

La floraison de la Renaissance et les visées maritimes et commerciales des Vénitiens amènent une redécouverte du sud-est de la Méditerranée. Les franciscains se rappellent que leur fondateur, François d'Assise, s'est rendu en Orient et a eu de longs débats avec le sultan d'Égypte, au début du 13ᵉ siècle. Ils décident donc de repartir sur ses traces et envoient des missionnaires en Orient.

Ces franciscains seront les premiers d'une longue série de missionnaires occidentaux, dont le rôle dans le sort des communautés chrétiennes orientales, souvent pour le meilleur, mais quelquefois avec des conséquences négatives, ne saurait être sous-estimé.

Ces missionnaires franciscains reprennent donc pied en Orient au 16ᵉ siècle. Pleins de zèle, actifs, ils s'allient d'abord aux maronites, et finissent par représenter, aux yeux de ces populations montagnardes, le Vatican, sinon juridiquement, du moins dans les faits.

Vers la fin du 16ᵉ siècle, les Ottomans s'emparent à leur tour des territoires habités par les maronites et en chassent les mamelouks. Mais l'Occident, électrisé de découvrir un petit peuple catholique dans cet Orient où les chrétiens autochtones sont massivement «hérétiques» et «schismatiques», envoie d'autres missionnaires dans cette enclave, et les jésuites et les capucins viennent prendre le relais des franciscains.

Ce n'est pas tout. Le roi François Iᵉʳ de France négocie au début du 16ᵉ siècle avec le sultan d'Istanbul, maître du territoire libanais, une entente en vertu de laquelle la France sera la «protectrice» des chrétiens de la montagne. Et le pape crée en 1584 le Collège maronite de Rome, qui formera des générations de membres du clergé maronite et même des laïcs et des intellectuels. Ceux-ci s'y imprègnent de la culture occidentale et, de retour dans leur pays, créent des écoles et des centres culturels.

Ces initiatives serviront à créer, dans le monde arabo-musulman des 17ᵉ et 18ᵉ siècles, des foyers de culture qui, même limités, contrastent avec la déchéance des sociétés arabes sous le règne ottoman.

Des promoteurs de la culture arabe

Dans cette période éloignée comme aux 19ᵉ et 20ᵉ siècles, le maintien puis la renaissance d'une culture arabe sera souvent le fait de communautés chrétiennes – au Liban, comme on l'a vu, mais, plus tard, en Syrie et en Égypte. Ainsi, la première grammaire arabe moderne sera le fait d'un archevêque maronite d'Alep. Et même aujourd'hui, les intellectuels chrétiens jouent un rôle disproportionné par rapport à leur nombre dans le monde arabo-musulman.

Cette sollicitude souvent intéressée de l'Occident à l'égard de cette communauté (la France cherchant, grâce à cette «protection» des chrétiens libanais, à contrer les visées russes en Méditerranée) a cependant des effets pervers. L'un des plus persistants est l'agacement de leurs voisins musulmans devant les interventions des Occidentaux.

Cette irritation mène quelquefois à des drames ; l'un des plus vifs dans la sensibilité des maronites survient au milieu du 19e siècle.

Jusqu'alors, ils vivaient en harmonie avec leurs voisins druzes, qui sont, rappelons-le, une secte rattachée au chiisme. À la suite de l'intervention de la France et de l'Angleterre en Orient pour faire avorter les ambitions du souverain d'Égypte, en révolte contre le sultan d'Istanbul, les druzes accusent les maronites d'être de mèche avec les Européens. Ils se déchaînent contre eux en 1841, puis en 1860. Au cours de cette dernière année, ils tuent près de huit mille maronites, en en crucifiant plusieurs, brûlent et détruisent plusieurs centaines de villages, d'églises, de couvents et d'écoles. Le feu se propage hors du Mont-Liban, atteint la Syrie, et déclenche sur tout ce qui est chrétien, et non plus seulement sur les maronites, un ouragan de persécutions. On a vu plus haut qu'à Damas seulement près de dix mille chrétiens ont été assassinés.

Par ailleurs, l'isolement des maronites dans leurs montagnes a une autre conséquence, moins dramatique il est vrai, mais source de problèmes et de malentendus, y compris au sein même de la communauté : le patriarche des maronites devient graduellement non seulement le chef spirituel de ses fidèles, mais tout autant leur chef politique. Il représente leur pays auprès du Vatican et des États européens, au point même que, durant une courte période, des « consuls » sont nommés auprès de lui. Il est l'interlocuteur privilégié de son peuple auprès du maître nominal du pays, le sultan d'Istanbul, à telle enseigne que le gouvernement de la Porte le désigne, dans ses dépêches, sous le nom d'« Émir el charq » (le Prince de l'Orient).

À force d'exercer ce rôle, les patriarches finissent même par assumer des responsabilités non seulement politiques et administratives, mais également judiciaires.

La communauté maronite finit par se reconnaître et s'identifier à son patriarche ; il devient pour elle non seulement une figure de proue, mais un chef, un protecteur et surtout le catalyseur d'un sentiment national très fort, fait de foi et d'attachement viscéral, charnel, au territoire libanais.

Absorbés par tant de responsabilités, les patriarches ne distinguent pas toujours entre ce rôle et leur tâche première de pasteurs. Cette confusion, qui mène quelquefois à des aberrations, est depuis toujours source de tensions et de malaises au sein de la communauté maronite et parfois, au 20ᵉ siècle, de malentendus avec les autres populations du Liban.

Le patriarche maronite et l'avènement du Liban

La manifestation la plus remarquable de ce rôle politique du patriarche maronite est survenue à la fin de la Première Guerre mondiale. La France et l'Angleterre, victorieuses de l'Allemagne et de l'Empire ottoman, voulaient dépecer ce dernier à leur avantage. Les Britanniques notamment voulaient créer une Grande Syrie (incluant les actuels territoires de la Syrie, de la Jordanie, de la Palestine, d'Israël et du Liban) pour en faire leur protectorat.

Ils avaient réussi à convaincre les plénipotentiaires alliés, réunis à Paris, lorsque le patriarche maronite de l'époque se rendit en France et fit un discours passionné devant les délégués, rappelant notamment à la France son rôle historique de protectrice des maronites. Il réussit à convaincre les Alliés et l'on divisa alors la Grande Syrie en deux pays distincts, la Syrie et le Liban (et plus tard la Jordanie et la Palestine-Israël).

Cette décision, clairement justifiée du point de vue des maronites, a cependant eu des conséquences dramatiques, puisque Damas n'a jamais oublié le rêve d'une Grande Syrie qui comprendrait le territoire historique du Croissant fertile; ce rêve est l'une des multiples causes des conflits qui agitent aujourd'hui l'Orient, et notamment de l'occupation du Liban par les Syriens à la fin du 20e siècle.

Mais le rôle grandissant des patriarches au cours des siècles ne suffit pas à prémunir la communauté maronite contre mille vicissitudes; Rome, fidèle à sa politique de centralisation et de latinisation, exerce une tutelle de plus en plus pesante sur les patriarches, allant même jusqu'à imposer, pendant une courte période au 18e siècle, les décisions de son «délégué apostolique» au patriarche et à son synode.

Au 19e siècle, les druzes, qui occupaient jusqu'alors pacifiquement la montagne avec les maronites, se tournent contre eux. Cette convulsion a de multiples causes, certaines politiques. Mais nous avons vu que des milliers de maronites sont alors massacrés par leurs voisins druzes.

Après l'intervention du patriarche à la conférence de Paris, les maronites voient enfin leur rêve se réaliser: un territoire où ils exercent le pouvoir en maîtres, un pays pour lequel ils ont un attachement quasi biblique, une société moderne, qui a su tirer le meilleur parti de son association et de son amitié avec l'Occident.

Tout semble donc aller pour le mieux pour le peuple maronite, qui se targue de constituer une exception remarquable: un pays chrétien, de langue et de culture arabes, au milieu du monde arabo-musulman. Mais des forces multiples vont se liguer pour effriter, sinon détruire ce rêve: la démographie qui altère peu à peu l'équilibre des nombres au Liban en faveur des populations musulmanes, la création d'Israël qui chasse vers le territoire libanais des centaines de milliers de réfugiés palestiniens et la montée du fondamentalisme musulman, qui considère comme anachronique la présence de cette entité étatique chrétienne au sein du monde musulman.

Ces forces vont déclencher ce qui est probablement la pire épreuve subie par les maronites dans leur longue histoire: la guerre civile libanaise, entre 1975 et 1990, qui a fait près d'un quart de million de victimes, maronites et musulmanes (sunnites, chiites et druzes).

La liturgie des chrétiens du Proche-Orient

Mentionnons en terminant que les liturgies des diverses Églises du Proche-Orient (grecs-orthodoxes, grecs-catholiques, maronites, syriens-orthodoxes, chaldéens), si elles divergent sur certains points, partagent toutes des caractéristiques semblables : un sens vif du mystère et une solennité digne de la grandeur du divin.

Elles ne sont pas sans rappeler, sous ces aspects, l'esprit de la liturgie copte. Il y a cependant des différences entre les chrétiens du Nil et ceux de la Grande Syrie ; autant, chez les premiers, la célébration de la messe, notamment lors des grandes fêtes liturgiques, peut entraîner des manifestations publiques de grande sensibilité (gémissements, larmes ou cris de joie), autant, chez les chrétiens du Croissant fertile, les sacrements, et notamment l'Eucharistie, sont une affaire grandiose, réglée souvent de façon minutieuse, une véritable chorégraphie solennelle.

Ce véritable jeu de scène réglé minutieusement leur vient des premiers temps de leurs Églises, quand l'empereur byzantin les régentait et que le cérémonial qui l'entourait dans son palais de Constantinople a peut-être servi de modèle aux rites permettant d'entrer en contact avec le maître du ciel.

Cette solennité ne veut pourtant pas dire que les fidèles soient passifs pendant la messe. Bien au contraire : ils participent avec ferveur, et notamment en se joignant au chant, d'une grande beauté.

Les chorales, qui chantent a capella, entonnent des hymnes polyphoniques et quiconque a entendu les cantiques du Vendredi saint dans une église grecque-catholique ne peut être que bouleversé par leur intense beauté, le sentiment de désolation et de deuil qu'elles suscitent dans les cœurs des fidèles.

Ceux-ci arrivent à la messe tirés à quatre épingles, et l'on retrouve encore chez de nombreuses familles la tradition d'étrenner les habits neufs en se rendant à l'église pendant la Semaine sainte. C'est une des multiples façons de témoigner du respect que l'on porte au Christ qui se manifeste au milieu de nous.

Les prières sont multiples, et très souvent chantées par le célébrant, dont les habits liturgiques sont somptueux; prières d'intercession, prières pénitentielles, prières d'actions de grâce: les litanies sont longues, et le public reprend les répons avec ferveur, pendant que le cliquetis des encensoirs se fait entendre et que l'encens emplit le sanctuaire d'une vapeur bleue.

Les lectures, comme partout en Orient, sont longues et proviennent toutes (à quelques exceptions près) du Nouveau Testament. L'Évangile est porté en procession solennelle avant sa lecture.

La fin de la messe ne signifie pas la dispersion des chrétiens; partout en Orient, les fidèles se retrouvent ensuite pour des rencontres communautaires qui peuvent quelquefois durer une bonne partie de la journée.

D'hier à aujourd'hui

Nous avons évoqué, dans les deux derniers chapitres, la longue et souvent douloureuse histoire des chrétiens du sud-est de la Méditerranée : égyptiens, syriens, libanais, jordaniens, palestiniens, israéliens et irakiens.

Nous avons pu voir à l'œuvre une foi fortement enracinée, des convictions inébranlables qui ont souvent mené au martyre. Une extraordinaire embellie, à partir de la fin du 19e siècle et jusqu'aux années 1950 en gros, a permis à beaucoup de ces communautés de croire, un moment, que le pire était passé, et qu'elles pouvaient envisager un avenir différent, dans le cadre d'États-nations où la citoyenneté allait remplacer les clivages ethno-religieux (chrétiens d'ailleurs, tout autant que musulmans).

Ce rêve va s'effondrer dans le feu et dans le sang, à la suite d'une recrudescence de la persécution contre les chrétiens d'Orient, due à la montée de l'islamisme. Le témoignage que ces chrétiens sont appelés à donner aujourd'hui rappelle les pires moments de leur histoire, à tel point que nombre d'observateurs n'hésitent plus à évoquer la possibilité de la disparition pure et simple du christianisme en Orient.

Il est temps de voir de plus près ce témoignage ultime des chrétiens d'Orient.

5

Des Églises en péril

L'IMAGE, sur nos écrans de télévision ou d'ordinateur, est bouleversante : une longue file d'hommes habillés de combinaisons orange défile lentement sur une plage calme, où les vagues de la mer viennent mourir dans un chuintement pacifiant.

Ces hommes sont menottés. Ils sont conduits par une longue théorie de silhouettes masquées et habillées de noir. Un de ces hommes crie en arabe : « Jésus, ô Jésus, aide-moi », avant d'être réduit au silence par son gardien. Puis les hommes en orange sont obligés de s'agenouiller, les hommes en noir brandissent des couteaux et commencent à les décapiter systématiquement, malgré leurs cris. Et, pendant que le chef des hommes en noir menace Rome et les infidèles d'un sort pareil, la scène se termine sur une image macabre : toutes les têtes séparées du tronc des victimes sont placées sur leur dos, les yeux grands ouverts devant la mer soudain rouge de sang.

Le lendemain, le pape François téléphone au patriarche copte-orthodoxe Tawadros II pour « manifester sa profonde participation à la douleur de l'Église copte, après le récent assassinat barbare de chrétiens coptes par des fondamentalistes islamistes ». Le pape a bien raison de parler de « douleur », cette douleur qui afflige de plus en plus les chrétiens de cette région.

La décapitation de ces 21 coptes sur une plage libyenne par des affiliés de l'État islamique, au début de 2015, qui a horrifié le monde entier, n'est qu'un des chapitres – un des plus spectaculaires, il est vrai – du sort de nombreuses communautés chrétiennes d'Orient depuis plus de cinquante ans. Certes, la barbarie de ces affidés de l'État islamique est une exception extrême, mais les chrétiens d'Orient subissent aujourd'hui un sort qui va de leur marginalisation bénigne dans leurs sociétés jusqu'à des violences extrêmes exercées contre eux.

Nous avons vu, dans les chapitres précédents, que les communautés chrétiennes d'Orient, après une longue histoire mouvementée, semblaient, au début du 20e siècle, avoir trouvé un *modus vivendi* honorable, et même porteur d'avenir, avec les communautés musulmanes majoritaires au sein desquelles elles vivaient.

Cette situation découlait d'une tentative d'aggiornamento de l'islam, entreprise par certains penseurs au tournant du siècle, et notamment appuyée par Mohamed Abdou, recteur, à l'époque, d'Al-Azhar, la grande institution sunnite du Caire.

Mohamed Abdou et ses alliés proposaient une lecture non exclusivement littérale du Coran, dont certains versets appellent à la subjugation, sinon à la lutte contre les infidèles et à leur défaite. Les réformistes voulaient interpréter ces versets en tenant compte du contexte historique de la vie du prophète de l'islam. Ils suggéraient que ces versets ne devaient pas nécessairement être interprétés au pied de la lettre aux époques contemporaines.

Ce réformisme avait donc mené à une détente entre musulmans et chrétiens, notamment en Égypte, où les deux communautés luttèrent alors au coude-à-coude pour libérer le pays du colonialisme britannique et lui permettre d'obtenir son indépendance. Il y eut même, un bref moment, un premier ministre copte (assassiné, il est vrai, par un fanatique), ce qui était anathème selon les tenants d'une lecture littéraliste du texte saint, puisque celui-ci stipule clairement qu'aucun infidèle ne peut exercer le pouvoir sur les musulmans.

Partout en Orient, musulmans et chrétiens, pendant les soixante premières années du 20ᵉ siècle, s'allièrent pour construire ensemble une société moderne et pour dépasser les clivages d'antan. Partout, dans les domaines politiques aussi bien que sociaux et culturels, les chrétiens, unis aux musulmans dans le désir d'améliorer leurs communautés, progressaient avec leurs voisins sur la voie d'une citoyenneté partagée.

La montée des Frères musulmans

Mais ce vent d'ouverture amené par le cheikh Mohamed Abdou et ses émules, qui venait bousculer des siècles d'immobilisme dans la réflexion théologique de l'islam, allait mener à une réaction violente. Pourtant, cette contestation de l'interprétation moderniste du texte sacré des musulmans s'est faite, au début, dans la discrétion.

Dans les années 1920, un prêcheur égyptien du nom de Hassan el Banna proclame, dans les mosquées des villes de province, qu'il faut respecter une tradition plus que millénaire et s'en tenir donc rigoureusement à la lettre du message coranique. Entouré de quelques disciples, il fonde en 1928 la Confrérie des Frères musulmans.

Son message se répand très vite et dépasse bientôt les frontières de l'Égypte. Il se heurte à l'hostilité des gouvernements des pays arabes, inquiets de voir la Confrérie militer pour la restauration d'un califat musulman qui leur enlèverait toute légitimité. D'autant plus qu'au milieu du siècle, et notamment sous le régime de Nasser en Égypte, l'idéologie de l'unité arabe voulait supplanter dans le monde arabo-musulman la primauté de la religion dans la psyché collective et dans la définition de la communauté nationale pour la remplacer par le concept de citoyenneté.

Nasser s'attaque donc aux Frères musulmans en Égypte. Son successeur, le président Sadate, essaie de les amadouer, mais est assassiné par eux, à la suite de son traité de paix avec Israël. Entre-temps, l'idéologie des Frères musulmans s'est répandue partout dans le monde arabo-musulman et au-delà, au Pakistan et dans certaines provinces indonésiennes. Elle a fait naître de multiples autres groupes qui s'en inspirent.

Le fondement même de cette idéologie est que, dans le monde musulman, le pouvoir revient au calife, successeur du prophète de l'islam, et que le respect scrupuleux du texte coranique impose un traitement différent à l'égard des membres des religions du Livre (chrétiens et juifs). Dans l'histoire, ce traitement a pu à certains moments être bénin et paternaliste, et à d'autres d'une grande violence ; ce dernier scénario se reproduit à la fin du 20e siècle quand certains groupes se fanatisent ; l'une de ses manifestations extrêmes est alors l'égorgement des coptes.

Qu'en est-il donc, aujourd'hui, des chrétiens d'Orient ? Quel a été le sort, au cours des dernières décennies, de leurs différentes communautés ?

Les coptes : une opposition chèrement payée

À partir des années 1970, nombre d'observateurs égyptiens ont constaté l'infiltration continue de la Confrérie des Frères musulmans dans la société égyptienne. Les « Frères », comme on les appelle couramment en arabe, que le pouvoir avait d'abord réduits à la clandestinité mais qu'il avait ensuite voulu coopter, avançaient tranquillement leurs pions.

Ils prêchaient leur message dans les mosquées, surtout dans les villes et villages de province, loin du pouvoir central. Peu à peu, ils dressaient certains segments de la population musulmane contre leurs voisins chrétiens.

Nulle part cette évolution n'a été aussi nette qu'en Haute-Égypte. Cette région, au sud du Caire, abrite l'essentiel de la communauté copte. Les exactions contre les villages coptes se multiplièrent, jusqu'à devenir quelquefois de véritables pogroms. Des églises étaient brûlées, des maisons et des commerces appartenant à des coptes détruits, des populations déplacées.

La réaction des autorités était souvent la même : les responsables locaux, qui ne voulaient pas attirer l'attention du pouvoir du Caire sur leur incurie ou, pire, leur indifférence ou leur complicité, convoquaient les victimes et les agresseurs à des « sessions de réconciliation ». Dans la grande majorité des cas, les victimes étaient contraintes de se taire, pour « préserver l'unité nationale ». On a même vu des cas où des gens, délogés de force de leurs maisons, devaient accepter d'aller se reloger ailleurs, afin de « préserver la paix ».

Au début des années 2000, un phénomène inquiétant commença à se répandre dans les campagnes : de nombreuses adolescentes et jeunes filles coptes étaient kidnappées par des extrémistes, disparaissaient quelques semaines, puis les parents, effondrés, apprenaient qu'elles avaient été violées, converties à l'islam et mariées à de parfaits inconnus, musulmans religieux. Et les autorités, très souvent, suspendaient « pour une durée indéterminée » l'instruction de ces affaires.

L'inverse n'est pas concevable : la conversion d'un musulman au christianisme est une apostasie passible de la peine de mort. Et, en nous éloignant un bref moment du Proche-Orient, signalons qu'en 2006 le Maroc et l'Algérie ont adopté des lois contre le prosélytisme chrétien. Il y avait eu en effet des conversions dans ces deux pays, dues notamment aux activités de certains missionnaires évangéliques. Les nouvelles lois interdisent notamment de transporter des bibles, et la célébration des cérémonies religieuses chrétiennes est réglementée. En 2008, le ministre algérien des Affaires religieuses déclarait : « J'assimile l'évangélisation au terrorisme. » On sait qu'une politique encore plus rigoureuse a cours en Arabie saoudite.

Dans les villes égyptiennes, l'élite copte urbaine n'était pas à l'abri des soubresauts qui agitaient les provinces. La liste des attaques contre des églises urbaines, de grands commerces ou des institutions coptes serait bien longue.

Un cas parmi d'autres : un vendredi d'octobre 2006, les prêcheurs de certaines mosquées d'Alexandrie invitèrent les fidèles à combattre les chrétiens, qui auraient porté atteinte à l'honneur de l'islam. Des milliers de musulmans se mirent à défiler dans les rues de la ville, exigeant la destruction d'une église, à l'entrée de laquelle une religieuse fut poignardée à mort par un manifestant. Des voitures et des magasins appartenant à des coptes furent incendiés, des pharmacies et des bijouteries dévalisées.

Le lendemain, l'église des Apôtres fut incendiée, tandis qu'un cocktail molotov était lancé à l'intérieur de l'église de la Vierge. L'écho de ces manifestations entraîna à son tour des violences contre certains couvents en Haute-Égypte.

Au-delà des violences épisodiques, les coptes des villes ont subi le ressac provoqué par le fondamentalisme islamique : ils ont perdu graduellement, au cours des cinquante dernières années, toute possibilité de rôle important ou de promotion dans les institutions de l'État, dans l'armée, dans les universités, où jadis ils avaient constitué un contingent important du corps professoral. Une des raisons de cette situation est l'infiltration massive de tous les corps professionnels (syndicats universitaires, collèges des médecins, des avocats, etc.) par les Frères musulmans.

Le président Nasser, nous l'avons vu, a essayé de freiner cette infiltration de la société par l'idéologie islamiste, en contenant essentiellement les Frères musulmans. Ses successeurs, les présidents Sadate et Hosni Moubarak, ont voulu, pendant leurs quarante ans de pouvoir absolu, user de la carotte et du bâton : ils les réprimaient quelquefois, et leur laissaient souvent, en sous-main, le champ libre pour s'installer dans les mosquées, dans les institutions caritatives et pour contrôler la rue.

La pratique de la religion est par ailleurs rendue compliquée pour les coptes. La construction, la réparation ou le simple entretien des églises requiert un décret du président de la République, selon une tradition établie de longue date. On imagine le cauchemar bureaucratique, quand il faut remplacer un robinet ou réparer un muret et qu'on doit alors s'adresser aux plus hautes autorités de l'État.

Les coptes ne peuvent non plus faire des processions dans les rues ; ils ne peuvent demander la construction d'un sanctuaire près d'une mosquée ; ils ne peuvent ériger des monuments chrétiens (hauts clochers, grandes croix) trop ostentatoires ; leurs cloches doivent sonner discrètement...

Dans de nombreux villages reculés et dans certaines banlieues pauvres des grandes villes, les intégristes imposent la jizya aux chrétiens qui y vivent, les jugent en dehors du système judiciaire et, s'ils les reconnaissent coupables, leur imposent des peines corporelles.

Certains événements violents arrivent cependant à percer la chape de silence qui entourait encore récemment, et notamment dans les médias occidentaux, cet état de fait, notamment la violence exercée contre certains coptes.

Ainsi, le 7 janvier 2010, le jour qui marque la célébration de Noël dans le calendrier copte, la messe de minuit s'est terminée dans le sang dans la localité de Nag Hammadi (au nord de Louxor), dont la population est à 70 % chrétienne. Les fidèles qui sortaient de l'église saint Georges ont été accueillis par des tireurs qui les ont mitraillés systématiquement, en tuant six et en en blessant une dizaine.

Un an plus tard, le 1er janvier 2011, des fidèles assistaient à une messe de minuit dans l'église de Tous-les-saints (al-keddissine), à Alexandrie. Une voiture piégée avait été stationnée près de l'église et son explosion a causé la mort de 21 personnes et près de 40 blessés parmi les fidèles. Une foule copte en colère s'est alors répandue dans la rue et des échauffourées ont éclaté entre manifestants coptes et musulmans. La décapitation des 21 coptes en Lybie est venue mettre un point d'orgue à cette macabre série.

Les coptes et les autorités égyptiennes n'avaient affaire, jusqu'à récemment, qu'aux

Frères musulmans. La situation s'est encore compliquée et détériorée depuis une quinzaine d'années à cause de l'irruption, sur la scène égyptienne comme partout dans le monde musulman, de mouvements salafistes et djihadistes, nés en Arabie saoudite et répandus partout, dont l'expression la plus radicale est l'État islamique en Syrie et en Irak. Certains de ces mouvements sont encore plus radicaux que les Frères musulmans. La présence de chrétiens dans une société musulmane est pour eux un anachronisme auquel il faut mettre fin.

Pour les djihadistes de tout acabit, ces chrétiens sont en effet une cible non seulement permise, mais légitime. Ils sont souvent associés, dans les discours de leurs prêcheurs, aux « croisés » de jadis et c'est un devoir religieux, sinon un acte pieux, de combattre ces infidèles de toutes les façons.

Les coptes, comme la grande majorité des Égyptiens, avaient mis leur espoir dans la révolution qui a renversé le président Moubarak en 2011. Ils ont combattu activement le président Morsi, membre des Frères musulmans, élu en juin 2012 et qui voulait en 2013 promulguer une constitution islamiste et imposer au pays la charia.

Ils paient cher leur opposition aux Frères musulmans. Les attaques contre les églises et les écoles tenues par des religieux, la destruction de simples habitations chrétiennes ont redoublé.

Quatre ans après la révolution populaire de 2011, le bilan est terrible : plus d'une centaine d'églises, écoles, centres sociaux et dispensaires, appartenant aux coptes, ont été saccagés.

Depuis son arrivée au pouvoir en juin 2014, le président égyptien El-Sissi a multiplié les gestes d'apaisement à l'égard de la communauté copte, qui l'appuie massivement. Il s'est rendu dans la cathédrale copte du Caire au début de la messe de minuit de Noël (janvier 2015), pour présenter ses vœux aux chrétiens. Et, après le martyre des 21 coptes en Libye, il a décidé de faire financer par l'État la construction d'une église dans leur village d'origine, une décision sans précédent dans l'histoire du pays.

Les difficultés vont-elles cesser du jour au lendemain pour la communauté copte ? Rien n'est moins sûr ; en témoigne la réaction de la population du village des martyrs, où El-Sissi avait promis la construction d'une église : la majorité musulmane de la localité s'est opposée à la construction du lieu de culte au centre du bourg, obligeant les coptes à l'ériger dans un champ lointain et à l'entourer d'un haut mur surmonté de barbelés.

Devant ces difficultés, la communauté copte tente de réagir, et pas seulement sur le plan politique ou social. Les discriminations, sinon les persécutions dont elle est l'objet, ont provoqué en son sein une véritable renaissance spirituelle et religieuse.

Ainsi, le monachisme égyptien est en pleine renaissance. De vieux couvents sont rénovés, de nouveaux sont construits, et les moines qui y arrivent par centaines sont souvent des jeunes des milieux urbains éduqués; la plupart ont des diplômes universitaires et le haut clergé, qui est recruté souvent parmi ces moines, s'en trouve renforcé. Cet engouement pour le monachisme se manifeste également dans les milieux de la diaspora, comme en témoignent le modeste Monastère de la Vierge Sainte Marie et de l'Archange Michel à Ronchère, en Bourgogne (France), et le monastère de Saint-Antoine dans le désert du Mojave en Californie, à mi-chemin entre Los Angeles et Las Vegas. Il s'agit du premier monastère copte en dehors du territoire égyptien, où de nombreux moines issus de la diaspora copte aux États-Unis ressuscitent sous d'autres cieux les traditions de leurs ancêtres.

Par ailleurs, de larges segments de la population égyptienne musulmane sont consternés par la tournure des événements et s'allient à leurs voisins et à leurs amis coptes pour lutter contre l'influence délétère des Frères et des salafistes. La société égyptienne est aujourd'hui le champ d'une vraie lutte d'influence entre ceux qui veulent retourner au passé et ceux qui veulent bâtir une communauté moderne et pluraliste.

Les chrétiens d'Irak, victimes des guerres du Golfe et d'Irak

En l'an 2000, on estimait que les chrétiens d'Irak, essentiellement les fidèles de l'Église chaldéenne, étaient au nombre de 1,3 million environ.

Leur Église, aussi ancienne que les autres du Proche-Orient, vivait dans une relative paix dans l'Irak de Saddam Hussein. Elle était bien consciente des excès de Hussein, mais le dictateur irakien, lui-même minoritaire sunnite dans un pays majoritairement chiite, protégeait les minorités et assurait ainsi une forme de normalité aux chrétiens.

La guerre du Golfe de 1991 allait faire voler en éclats cette tranquillité de la communauté chrétienne. D'abord, elle allait subir, comme toutes les autres communautés irakiennes, les contrecoups des sanctions imposées à l'Irak après la guerre, qui ont appauvri le pays et ont mis dans une situation précaire nombre de ses habitants, surtout les couches populaires auxquelles appartenaient les chrétiens.

Puis, les intégristes, et notamment l'Organisation d'Al-Qaida, allaient peu à peu infiltrer l'Irak. Mais Saddam Hussein arrivait à les contrôler, jusqu'au déclenchement de la deuxième guerre d'Irak, en 2003.

Les chrétiens ont alors souffert, comme les autres Irakiens, des dévastations de la campagne lancée par le président Bush. Plusieurs sont morts, et un nombre infiniment plus grand a pris la route de l'exode. Ceux qui le pouvaient se sont réfugiés au Canada, en Amérique du Sud et en Australie. Mais la plupart n'ont pu se rendre que dans les pays voisins, notamment en Syrie, et on pouvait les voir vivoter dans les rues de Damas, avant la guerre civile qui allait déchirer ce pays.

Un détail peu connu et peu médiatisé de la guerre d'Irak a particulièrement troublé les chrétiens de ce pays. Après l'entrée des troupes américaines à Bagdad, de nombreux missionnaires évangélistes y sont arrivés, et ont notamment tenté de convertir des Chaldéens. Les élites chaldéennes y ont vu un manque de respect à l'égard des chrétiens autochtones.

La fin des hostilités en Irak allait entraîner une dégradation encore plus sévère de la situation des chrétiens. Al-Qaida et la myriade de groupuscules qu'elle avait enfantés se sont attaqués à eux ; les milices chiites les ont également poursuivis de leur vindicte, les accusant d'avoir été les alliés du dictateur sunnite.

Finalement, l'arrivée sur la scène irakienne de l'État islamique et l'instauration de son califat ont entraîné pour les chrétiens une véritable descente aux enfers.

La veille de la fête de la Toussaint, en 2010, un commando armé pénètre dans la cathédrale catholique de Notre-Dame du Perpétuel Secours à Bagdad pendant la messe et commence à tirer sur les fidèles. Quand l'armée lance un assaut, au bout de plusieurs heures, pour déloger les attaquants, elle découvre dans le sanctuaire 53 morts, la plupart des femmes et des enfants. Il y a également des dizaines de blessés. Deux prêtres ont été tués.

L'État islamique revendique l'attaque. Dans un communiqué, il annonce clairement ses intentions : « Tous les centres, organisations, institutions, dirigeants et fidèles chrétiens sont des cibles légitimes pour les moudjahidine (combattants), là où ils peuvent les atteindre. »

Cet attentat révulsa la communauté chrétienne d'Irak d'autant plus fortement qu'elle pleurait encore le martyre de Mgr Faraj Rahho, archevêque chaldéen de Mossoul, la grande ville du nord du pays, enlevé en avril 2008. Ses ravisseurs avaient exigé une importante rançon ; il avait écrit à ses collaborateurs pour leur dire de ne pas céder aux terroristes. Il fut égorgé.

Depuis 2008, quelque soixante églises irakiennes ont été attaquées et une cinquantaine de prêtres assassinés. On aurait pu croire que la situation ne pouvait guère empirer ; mais le califat établi depuis 2013 dans le nord de l'Irak et de la Syrie par l'État islamique allait prouver le contraire.

Devant les menaces de mort proférées contre les infidèles, les chrétiens de Mossoul, ceux pour qui Mgr Rahho avait donné sa vie parce qu'il ne voulait pas les abandonner, ont quitté en masse leur ville, leur région. De nombreux villages chrétiens ont été pris par les djihadistes et la population a dû fuir en panique. On estime à quelque 130 000 les chrétiens chassés de Mossoul et de la plaine de Ninive. Leur exil dans le Kurdistan irakien s'éternise dans des conditions difficiles.

Toutes ces épreuves rappellent d'autres souvenirs amers aux chrétiens irakiens. En effet, il y a exactement cent ans, en 1915, ils étaient eux aussi, comme les Arméniens, victimes d'un génocide perpétré par la Turquie. Bien moins connu que le génocide arménien, ce « génocide des Assyriens », qui les chassa de leurs territoires ancestraux du sud de la Turquie et du nord de l'Irak, est encore ressenti à vif dans la sensibilité des chaldéens. C'est pourquoi Mgr Louis Sako, l'actuel patriarche chaldéen, et son synode ont voulu rappeler par une initiative concrète les « martyrs et [l]es diocèses disparus » de l'Église chaldéenne. Le premier vendredi après Pâques sera dorénavant, dans leur Église, « le Vendredi des martyrs et des confesseurs de la foi ».

Combien sont-ils aujourd'hui, les chrétiens d'Irak restés dans le pays évangélisé par saint Thomas et saint Jacques ? Il est difficile de le dire avec précision. Rappelons qu'ils étaient 1,3 million il y a trente ans. Ils sont peut-être aujourd'hui 300 000. Les optimistes disent 400 000. Mais les départs, chaque jour, chaque semaine, affaiblissent la communauté.

Les prélats chaldéens encouragent leur troupeau à ne plus céder à la panique et à rester dans le pays de ses ancêtres. Le patriarche Sako veut créer une «Ligue chaldéenne», une Ligue, dit-il, «qui sera civile et s'occupera des affaires sociales et culturelles des chaldéens». Elle serait «indépendante de l'Église mais en lien avec elle, internationale et composée de laïcs». Et de préciser: «Elle servirait à la fois de caisse de solidarité pour financer un puits, une école, aider les jeunes à se marier, mais aussi de porte-voix, pour faire pression sur le gouvernement, par des condamnations en cas d'attaque, des manifestations, ou tout simplement en vérifiant qu'il tient ses promesses d'embauche de chrétiens par exemple».

Ce dynamisme et cet optimisme sont des signes d'espérance. Mais la longue marche des chaldéens va continuer à se heurter à des difficultés, tant que leur pays sera déchiré par les divisions et l'insécurité, qui ont des répercussions même au sein de leur troupeau. Ainsi, le patriarche et ses évêques ont-ils déploré, au début de 2015, le départ de quatorze prêtres et moines qui ont quitté l'Irak ces dernières années sans autorisation de leur évêque ou de leurs supérieurs. Et ce qui rend ce départ encore plus amer pour les chrétiens restés au pays, c'est que ces prêtres et ces moines ont été accueillis par le diocèse chaldéen de San Diego, aux États-Unis, qui refuse de les inciter à retourner en Irak.

L'exode des chrétiens de Syrie

Les chrétiens de Syrie ont été les premiers disciples du Christ en dehors de la Palestine. Leur longue histoire a été glorieuse et a donné à l'Église universelle certains de ses plus grands penseurs, théologiens et saints.

En 1970, les chrétiens syriens représentent de 8 à 10 % de la population du pays. Il s'agit essentiellement de grecs-orthodoxes et de grecs-catholiques, appelés aussi les melkites; il y a également des communautés moins nombreuses d'Arméniens, de syriaques et de maronites. Ils participent depuis des décennies à la Nahda (Renaissance) culturelle et politique du pays, qui rayonne ensuite dans tout le monde arabe. L'un de leurs penseurs, Michel Aflak, fonde le parti Baas, le premier parti résolument laïque et socialiste du monde arabe.

Hafez el-Assad, un officier de l'armée, prend le pouvoir en 1970 à la suite d'un coup d'État. Il appartient à la secte des Alaouites, associée au chiisme. Concentrés essentiellement dans le nord de la Syrie, les Alaouites représentent, comme les chrétiens, quelque 10 % de la population syrienne.

Mais la majorité sunnite du pays les ostracise, car elle les considère comme hérétiques.

Hafez el-Assad dirige le pays d'une main de fer, mais promet, parce qu'il est un minoritaire, de respecter les droits de toutes les minorités. On se souviendra que ce fut la même démarche qu'avait suivie Saddam Hussein en Irak, puisqu'il y appartenait également à un groupe minoritaire.

Les chrétiens syriens se rallient donc à Hafez el-Assad, et aussi à son fils, Bachar el-Assad, l'actuel président, ce qui leur vaudra des critiques en Occident, et notamment en France, où certains ont reproché à la hiérarchie ecclésiastique sa proximité avec un dictateur. Mais ces critiques se sont émoussées depuis que certains des adversaires du régime, notamment les djihadistes, ont révélé leurs vraies couleurs, dans une surenchère de fanatisme et de violence.

Les chrétiens syriens ont donc vécu dans une paix relative jusqu'à l'éclatement de la guerre civile dans leur pays, il y a cinq ans. Depuis lors, leur chemin de croix est semblable à celui d'autres communautés chrétiennes d'Orient. Ils partagent, hélas! ce calvaire avec toute la population syrienne, qui vit l'un des conflits les plus traumatisants depuis la fin de la Seconde Guerre mondiale.

Leurs communautés ont pourtant été particulièrement visées par les groupes et les milices qui se sont constituées partout pour combattre Assad. L'exode des Syriens est disproportionnellement un exode des chrétiens.

On estime en effet qu'il y aurait aujourd'hui plus de quatre millions de réfugiés syriens, installés surtout dans les pays limitrophes : Liban, Jordanie et Turquie. Or, certaines estimations portent à 25, sinon à 30 % la proportion de chrétiens parmi ces réfugiés, bien plus que leur représentation dans la population.

Comme en Égypte et comme en Irak, les chrétiens syriens subissent des enlèvements et des massacres. Leurs lieux saints sont particulièrement visés ; et certains groupes djihadistes ne se gênent pas pour annoncer haut et fort leur désir d'élimination de ces infidèles de la terre syrienne.

Quelques exemples, glanés au hasard de l'actualité, illustreront ce calvaire.

Le village de Maaloula, à 50 kilomètres à l'est de Damas, est célèbre parmi les spécialistes parce qu'il abrite une population chrétienne grecque-catholique qui parle encore l'araméen, la langue de Jésus. Il s'agirait du dernier lieu sur la planète où cette langue est encore bien vivante.

Depuis le début de la guerre civile, le village a été pris à plusieurs reprises par les milices islamistes, repris par l'armée du régime, puis est retombé de nouveau entre les mains des djihadistes. Ces derniers ont enlevé en 2013 treize religieuses d'un couvent orthodoxe local, et celles-ci n'ont été relâchées, plus d'un an plus tard, que contre la libération, par le président Assad, de prisonniers islamistes.

Pendant leur occupation du village, les milices djihadistes ont pillé l'église du couvent, l'une des plus vieilles au monde puisqu'elle date du 4ᵉ siècle. Elles ont détruit des icônes précieuses.

La même année 2013, deux prêtres sont kidnappés par des groupes islamistes. Deux évêques d'Alep, l'un grec-orthodoxe (frère de l'actuel patriarche d'Antioche) et l'autre syrien-orthodoxe, se rendent en médiation auprès du leader de ces milices pour les faire libérer. Ils ont depuis lors disparu. Certains indices récents (août 2015) laissent penser qu'ils seraient encore en vie.

Dans les douze mois qui ont suivi, un jésuite italien a été kidnappé tandis qu'un jésuite néerlandais, qui refusait de quitter la ville de Homs, tenue par les djihadistes et assiégée par les troupes du régime, afin de porter aide et secours aux populations bombardées et terrorisées, a été assassiné.

Alep, la grande ville du nord de la Syrie, la deuxième du pays en importance, a été un des foyers les plus vivants du christianisme en Syrie. La communauté chrétienne y a toujours joué un rôle important, dans le développement culturel et social de la ville et de la région.

En 1915, Alep a servi d'asile aux réfugiés arméniens victimes du génocide ottoman. En effet, après une marche terrible dans les déserts, les survivants du génocide franchissaient la frontière entre la Turquie et la Syrie et arrivaient à Alep, où, accueillis par les chrétiens syriens, ils se sont installés avant que certains d'entre eux ne poursuivent leur exode dans le reste de l'Orient ou en Europe.

Or, la prise de contrôle en 2014 d'une partie de la ville par l'État islamique a conduit à un autre exode. Les Arméniens d'Alep et les autres chrétiens de la ville fuient en masse les exactions des soldats du califat. La ville qui avait accueilli, il y a exactement un siècle, les victimes d'un génocide est aujourd'hui, à son tour, le théâtre d'une fuite éperdue pour éviter un autre génocide.

Les chrétiens de toute la région du nord de la Syrie, contrôlée par l'État islamique, vivent les mêmes traumatismes. Les villages chrétiens sont tour à tour capturés et les populations doivent les quitter dans la panique.

Le calvaire se poursuit encore aujourd'hui. En juillet 2015, un franciscain irakien installé en Syrie, le père Dhiya Aziz, a disparu après avoir été emmené par des miliciens. Le père Aziz, d'abord médecin, avait abandonné la pratique de sa profession pour se faire franciscain et s'était porté volontaire pour devenir curé dans le village de Yacoubieh, dans une des zones les plus dangereuses de Syrie.

La sinistre litanie ne semble pas près de s'arrêter : un monastère fort ancien, situé dans une zone du centre de la Syrie contrôlée par les djihadistes, vient d'être rasé (août 2015).

L'avenir incertain des chrétiens libanais

Depuis la fin de la Seconde Guerre mondiale jusqu'au début des années 1970, le Liban offrait à la communauté mondiale un visage souriant.

Diverses communautés chrétiennes et musulmanes y coexistaient dans la paix. Les maronites, depuis toujours maîtres de la montagne libanaise, avaient conclu un pacte avec les autres Libanais, qui leur permettait de jouer un rôle essentiel dans la vie de leur pays. Tournés vers l'Occident, actifs, diligents, les chrétiens libanais n'hésitaient pas alors à proclamer que Beyrouth était « le Paris du Moyen-Orient ».

Les choses allaient commencer à changer à partir des années 1960, puis surtout après la guerre israélo-arabe de 1967, avec la montée graduelle du sentiment religieux dans les autres pays arabes, et la diffusion de l'idéologie fondamentaliste des Frères musulmans.

L'évolution démographique allait peu à peu désavantager les chrétiens, et l'arrivée massive de Palestiniens chassés de la Galilée par les autorités israéliennes, leur installation dans des camps dans le sud du pays où l'autorité de l'État libanais n'était plus reconnue dans les faits, a contribué à déstabiliser encore plus le pays et à affaiblir le pacte social qui liait ses communautés.

La guerre civile libanaise a commencé en 1975 et a duré quinze ans. Elle fut terrible et entraîna de nombreuses violences. On estime qu'elle a fait entre 150 000 et 250 000 victimes.

Celles-ci se retrouvaient dans tous les camps ; en effet, contrairement au schéma que nous avons vu se produire dans les autres pays (Égypte, Irak, Syrie), les chrétiens libanais ont activement participé aux combats qui se déroulaient sur leur territoire.

Les maronites, retranchés dans leurs montagnes, ont vite constitué des milices lourdement armées, qui ont combattu les milices sunnites et chiites, ainsi que les combattants palestiniens, dans des mêlées furieuses et confuses. Il est même arrivé, au gré des fluctuations des ententes entre divers groupes, que des milices chrétiennes progressistes combattent d'autres chrétiens, plus conservateurs.

On ne peut donc dire que les morts chrétiens de cette tragédie sont surtout des victimes du sectarisme. Les facteurs historiques et politiques, les ambitions des uns et des autres, les disparités sociales et économiques ont été omniprésents dans cette guerre fratricide. Pour notre propos, il suffit de retenir que les chrétiens libanais ont été des acteurs du conflit, et non pas des victimes passives.

Cependant, la guerre civile a eu sur eux des conséquences qui pourraient, à long terme, être néfastes.

En effet, les chrétiens libanais formant une bonne partie de l'élite occidentalisée et instruite de ce pays, un grand nombre d'entre eux a fui le pays pendant le conflit. Réfugiés en France, au Canada et ailleurs, ils apportent dans les pays de leur diaspora leur efficacité légendaire, mais affaiblissent d'autant le Liban chrétien qu'ils ont quitté.

Le Liban est un paradoxe : il comprend maintenant une nette majorité musulmane, mais sa constitution garantit que le chef de l'État sera toujours un chrétien maronite. Ainsi, le président libanais est le seul chrétien qui participe aux sommets de l'Organisation de la coopération islamique (jadis créée sous le nom de l'Organisation de la conférence islamique), un regroupement de 57 États musulmans, et cette présence anachronique déroute toujours de nombreux musulmans.

Mais l'avenir de la communauté chrétienne du Liban, les liens qu'elle réussira à retisser avec les musulmans du pays, pourraient bien être un symbole et un signe avant-coureur du sort de toutes les communautés chrétiennes orientales.

**Terre sainte :
vers la fin de la présence chrétienne ?**

La situation des chrétiens de la Terre sainte, pas aussi tragique que celle des chrétiens irakiens ou syriens, n'en est pas moins une blessure béante sur le corps de la chrétienté.

Laminés entre les Palestiniens musulmans et les Israéliens qui veulent un État exclusivement juif, les Palestiniens chrétiens émigrent en masse ; dans la Palestine historique (Israël et les Territoires occupés), ils représentaient, au début du 20ᵉ siècle, 20 % de la population du territoire ; aujourd'hui, ils sont moins de 2 %. Et cet exode fait sûrement l'affaire des extrémistes des deux côtés du conflit israélo-palestinien.

Pourtant, dès les débuts de la lutte des Palestiniens pour l'obtention d'un État, les Palestiniens chrétiens se sont résolument engagés dans ce combat. Certains des groupes de la résistance palestinienne ont ainsi été créés par des chrétiens. Le leader historique des Palestiniens, Yasser Arafat, avait des conseillers chrétiens dans son entourage, et parmi les principaux porte-parole de la cause palestinienne sur la scène internationale, on retrouve une chrétienne, Hanan Ashrawi.

Mais le durcissement du conflit et son pourrissement ont amené un changement important de la dynamique. Ce qui, pour beaucoup d'observateurs, apparaissait au début comme un conflit entre deux communautés pour l'occupation d'un territoire, devient de plus en plus un affrontement à connotation religieuse, où les fanatiques musulmans et juifs tiennent de plus en plus le haut du pavé.

Sur nos écrans de télévision, on a pu voir des églises attaquées aux cocktails Molotov, brûlées, vandalisées, à Gaza, en Cisjordanie et en Israël, où, encore récemment, en juin 2015, un extrémiste juif a mis le feu à l'église du couvent de la Multiplication des pains, dans le village de Tabgha, au nord-ouest du lac de Tibériade, non loin de Nazareth, donc en Israël et non pas dans les Territoires palestiniens. Il s'agit d'un couvent allemand, où vivent des moines européens. La police soupçonne l'action d'adolescents juifs vivant dans les colonies de la Cisjordanie occupée. « Les idolâtres doivent être éradiqués », avaient peint les responsables sur lc mur du cloître avant de prendre la fuite. Et, à quelques jours de la visite du pape François en Israël, un groupe extrémiste juif, qui se fait appeler « Prix à payer », avait revendiqué la profanation d'églises en avril 2014.

La situation dans la Palestine historique est pleine de paradoxes. Bethléem, la ville qui a vu naître le Christ, avait une population chrétienne de 62 % il y a quelque quarante ans. Aujourd'hui, elle n'est que de 15 %. Plus significatif encore, il y avait dans la Ville sainte, à la création de l'État d'Israël, 50 000 chrétiens. Ils ne sont plus que 5 000, et leur nombre diminue tous les jours, permettant ainsi l'émergence d'une Jérusalem de plus en plus juive, selon le souhait des autorités israéliennes.

Dans l'indifférence, nous risquons de voir disparaître, pour la première fois dans l'histoire, pour la première fois en vingt siècles, grâce entre autres – et c'est là un paradoxe saisissant – à l'action des chrétiens fondamentalistes « sionistes » de l'Amérique du Nord, toute présence chrétienne en Terre sainte.

En effet, pour certains de ces chrétiens, le Messie ne reviendrait sur terre que si le temple de Jérusalem était reconstruit et que la Terre sainte retournait entièrement aux juifs. Pour eux, donc, le Palestinien chrétien est avant tout un Palestinien, et donc un Arabe, et donc un obstacle à la réalisation de cette vision de la venue du Messie. Ces groupes sont importants en Amérique et au Canada et ont acquis beaucoup d'influence auprès de certains décideurs de ces pays. Les chrétiens de Palestine et leur sort sont donc ignorés dans toute réflexion politique importante sur l'avenir de cette terre.

Et pourtant, Jérusalem est aussi sacrée pour les chrétiens qu'elle l'est pour les fidèles des deux autres grandes religions monothéistes.

6

Le présent et l'avenir

Il est temps de voir pourquoi le sort et l'avenir des chrétiens d'Orient devraient intéresser non seulement leurs coreligionnaires, mais les musulmans de bonne volonté, les défenseurs des droits humains et les gens soucieux de justice partout sur la planète.

Pour les fidèles de toutes obédiences et de toutes les Églises, il est utile de rappeler encore une fois l'importance des chrétiens d'Orient dans la naissance de leur foi.

Dans l'Antiquité, les chrétiens d'Orient ont surtout longuement réfléchi au mystère central du christianisme : Jésus, qui est Dieu fait homme. Et même s'il est impossible de l'appréhender pleinement par nos moyens humains, les premiers chrétiens ont su le dire en des mots qui sont parvenus jusqu'à nous et que nous répétons encore dans nos prières.

Les chrétiens d'Orient ont aussi longuement réfléchi à cet autre mystère de la foi chrétienne qu'est un seul Dieu en trois personnes ; là encore, ils se sont colletés avec cette réalité qui heurte à première vue l'esprit humain et l'ont défendue ardemment.

Les Pères orientaux se battaient sur deux fronts : d'une part, ils tâchaient de mieux définir la doctrine ; d'autre part, ils combattaient sans relâche ceux qui, déjà, voulaient y porter atteinte. Ils ont ainsi été non seulement les théologiens essentiels de la nouvelle foi, mais également ses premiers défenseurs.

Mais l'Église d'Orient des premiers temps n'a pas laissé son empreinte seulement sur les questions doctrinaires ; elle a bâti l'édifice qu'est aujourd'hui l'Église : ses institutions, ses sacrements, le déroulement de ses liturgies. Elle nous a appris que la foi est une réalité à laquelle participent le corps, le cœur et l'esprit, une réalité totale et joyeuse. Elle nous a légué le monachisme, cette façon si radicalement chrétienne de prier Dieu. Et le mysticisme de certains de ces premiers saints est un des fleurons de la spiritualité chrétienne.

Nous nous souvenons encore avec émotion et reconnaissance de ces grands saints qu'ont été, après les Apôtres, Athanase et Cyrille, Jean Chrysostome et Jean Damascène, Basile le Grand et Grégoire de Nysse, Antoine et Pacôme, et tant d'autres encore.

Certains de ces saints, et une multitude d'autres chrétiens d'Orient des premiers siècles, nous ont donné également un exemple de foi qui redevient aujourd'hui d'une grande pertinence pour leurs descendants sur ces vieilles terres : l'acceptation de la mort par amour pour Jésus.

Le martyre subi par des milliers d'entre eux trouve dramatiquement un écho, vingt et un siècles plus tard, dans le martyre que subissent aujourd'hui certains de leurs descendants. Et cette notion même de martyre, c'est-à-dire d'une mort violente, non provoquée et acceptée dans la foi, est l'un des grands legs des chrétiens orientaux à l'Église de tous les temps.

Une résilience étonnante

On aurait pu croire que cette floraison de sainteté et cette vigueur de réflexion théologique se seraient définitivement taries après la minorisation constante des chrétiens d'Orient depuis plus d'un millénaire.

Or, à la surprise de beaucoup, et même parmi les chrétiens d'Occident, cette sensibilité particulière des chrétiens d'Orient, cette façon différente de dire la même foi et de penser la même Église, ont recommencé, au cours du dernier demi-siècle, a irriguer de nouveau l'Église universelle.

Le tout a peut-être commencé lors de la procession qui a marqué les débuts du concile Vatican II, en 1963. Pour des millions de chrétiens assis devant leurs (nouveaux) écrans de télévision pour assister à la cérémonie, la vue de certains ecclésiastiques en longues robes noires, en barbes fleuries et en mitres impressionnantes avait été la première redécouverte de ces chrétiens d'Orient longtemps oubliés. On peut même imaginer que la surprise n'était pas seulement celle du simple chrétien, mais peut-être aussi celle de certains Pères conciliaires longtemps habitués à l'uniformité latine.

Dans cette procession, on trouvait, juste derrière le pape, un prélat totalement inconnu de la plupart : il s'agissait du patriarche copte-catholique. Même s'il était le chef d'une toute petite Église, le fait qu'il soit, aux yeux de l'Église catholique, le successeur direct des patriarches d'Alexandrie, le titulaire d'un siège si fameux et si fécond dans l'histoire de l'Église des commencements, lui donnait droit à cette place privilégiée, derrière le pape, « patriarche de Rome ».

Mais les Pères conciliaires d'Orient n'ont pas seulement surpris par leur aspect ; dans les débats du concile, ils ont fait de nombreuses interventions qui en ont étonné plusieurs. Mentionnons-en une ou deux.

Ce sont les Pères d'Orient qui ont ainsi rappelé le privilège paulin et le privilège pétrinien.

Le privilège paulin est une exception rarissime à la doctrine de l'indissolubilité du mariage de l'Église catholique ; il se fonde sur la première épître de saint Paul aux Corinthiens, et permet la dissolution d'un mariage conclu entre deux incroyants, si l'un des deux se convertit, reçoit le baptême et que l'autre, demeuré incroyant, n'accepte pas de vivre avec un chrétien. Le Code de droit canonique a rappelé le privilège paulin dans les années 1980.

Le privilège pétrinien élargit cette exception à des situations non prévues par saint Paul : par exemple, dans le cas d'un mariage polygame.

Les prélats d'Orient ont également rappelé aux Pères conciliaires que, dans leurs Églises, et dans des circonstances particulières, certains prêtres pouvaient être mariés. Cet exemple ne semble pas avoir fait, dans l'Église latine, le même cheminement que d'autres exhortations des Pères orientaux.

Des apôtres de la diversité du christianisme

Enfin, par leur présence et par leurs interventions, les prélats d'Orient ont ramené dans l'Église catholique la notion de diversité, qui s'oppose à la tendance, suivie depuis plus d'un siècle par la curie romaine, à la centralisation et au monolithisme.

Cette tendance avait par exemple amené la curie à faire adopter par le Vatican, en 1957, des dispositions du droit canonique portant atteinte au particularisme des Églises d'Orient et restreignant de façon marquée la liberté et l'autonomie des patriarches.

Afin de rappeler aux Pères la nécessité de reconnaître la diversité des enfants de Dieu et d'accepter leurs personnalités différentes, le rôle joué par le patriarche melkite Maximos IV, dans les débats du concile, a été fort remarqué : il a constamment rappelé aux autres prélats le besoin d'une plus grande collégialité ; il a préconisé une réforme des structures de l'Église et a même proposé la création d'un « Conseil des évêques » qui, aux côtés du pape, participerait au gouvernement de l'Église.

À la suite de la réflexion des Pères sur cette question, le pape Paul VI a établi en 1965 le Synode des évêques, qui allait révolutionner la gouvernance de l'Église catholique et la ramener sur le chemin de cette collégialité souhaitée par plusieurs. Cette institution des synodes n'était pas inconnue dans l'Église, mais était tombée depuis longtemps en désuétude. Et il est significatif que, dans le *motu proprio* établissant le Synode, Paul VI ait repris les termes mêmes du patriarche melkite en évoquant un « Conseil des évêques ».

On sait le rôle joué depuis lors par les divers synodes convoqués, soit par le pape pour réunir des évêques du monde entier afin de réfléchir à une question intéressant l'ensemble des fidèles, soit, à une échelle plus petite, dans des pays ou des regroupements de pays.

Le Vatican manifeste sa sollicitude

Nous avons vu dans les chapitres précédents que ce bouillonnement de renouveau dans les

Églises d'Orient, qui influence même des Églises beaucoup plus nombreuses, se vit dans des conditions difficiles, et quelquefois dans la persécution.

Partout en Orient, en Égypte comme dans les grandes plaines syriennes et irakiennes, les chrétiens sont poursuivis aujourd'hui par des groupes islamistes fanatisés. Nombre de ces fidèles ont déjà donné leur vie pour leur foi. Comment cette épreuve est-elle perçue à l'extérieur de leurs pays ?

Elle a d'abord été longtemps ignorée, notamment en Occident. Pourtant, dès les années 1970, devant la radicalisation de certaines organisations musulmanes, de nombreux observateurs, issus notamment de ces communautés, avaient envoyé les premiers signaux d'alarme.

Les politiques et les intérêts de divers pays, notamment les intérêts pétroliers de l'Occident, surtout des États-Unis, favorisaient cette ignorance tranquille. Mais la naissance et les activités de groupes islamistes qui ont commencé à attaquer directement l'Occident rendent impossible cette cécité, volontaire ou non.

D'autre part, la papauté est de plus en plus sensible à ce qui arrive aux chrétiens d'Orient. Depuis la fin de Vatican II, tous les papes ont insisté pour que la communauté chrétienne universelle ait une meilleure connaissance des chrétiens d'Orient et ont dénoncé le sort fait à certains d'entre eux.

Cette redécouverte de l'Orient chrétien où des millions de disciples du Christ étaient séparés de l'Église catholique depuis de nombreux siècles a donné un véritable coup de fouet à l'œcuménisme ; le dialogue entre Rome et les prélats orthodoxes d'Orient s'est créé et intensifié ; des commissions conjointes, notamment en matière de théologie, ont été créées ; des rencontres fraternelles ont eu lieu entre le pape et les patriarches ; des excommunications ont été levées ; et si les fruits de cette aube œcuménique ne se sont pas encore matérialisés, du moins faut-il espérer que le scandale de la division des chrétiens ne durera pas indéfiniment.

Cette sollicitude de la papauté pour l'Orient chrétien se poursuit encore. Pour ne nous en tenir qu'à des initiatives récentes, le pape Benoît XVI a convoqué en 2010 un synode spécial consacré au Proche-Orient. Sous le thème de «Communion et témoignage», les évêques rassemblés à Rome ont insisté sur l'unité de foi des chrétiens et sur la nécessaire solidarité avec ceux d'Orient.

Les derniers papes ont aussi voulu souligner la sainteté de certains chrétiens d'Orient, longtemps ignorés par le Vatican lorsque venait le temps d'instruire des procès en béatification ou en canonisation. Jean-Paul II a ainsi canonisé, en 2004, Nimatullah Al-Hardini, un moine libanais maronite du 19ᵉ siècle, et le pape François a canonisé, en 2014, deux religieuses palestiniennes : Marie-Alphonsine Ghattas, fondatrice de la Congrégation des sœurs du Saint-Rosaire, et Mariam Baouardy. Carmélite et grande mystique, cette dernière a fondé à Bethléem le premier couvent de Carmélites en Palestine.

Pour la défense des chrétiens d'Orient, le pape François ne se contente pas de canoniser des saints relativement obscurs ; il jette dans la balance tout le poids de son autorité morale et de son charisme. Depuis son accession à la papauté, le sort réservé aux chrétiens d'Orient (et aux autres chrétiens persécutés) est un thème régulier de ses interventions. Et le pape ne mâche pas ses mots.

« Les chrétiens sont persécutés. Nos frères versent leur sang uniquement parce qu'ils sont chrétiens », a-t-il ainsi déclaré en mars 2015. Il précisait : « Il faut que finisse cette persécution que le monde cherche à cacher. »

Ce n'était pas la première fois que le pape tenait un tel langage. Nous avons vu qu'à la suite de la décapitation de chrétiens coptes en Libye, il avait déjà dit clairement :

> Ils ont été assassinés pour le seul fait d'être chrétiens. Le sang de nos frères chrétiens est un témoignage de foi, et peu importe qu'ils soient catholiques, orthodoxes, luthériens, coptes : ça n'intéresse pas leurs persécuteurs, qui voient

seulement qu'ils sont chrétiens, parce que leur sang est le même.

Et dans sa lettre de Noël de 2014 adressée aux chrétiens d'Orient, il avait souligné

> l'affliction et la tribulation [qui] n'ont malheureusement pas manqué dans un passé même récent du Moyen-Orient. Elles se sont aggravées ces derniers mois à cause des conflits qui tourmentent la région, mais surtout du fait d'une plus récente et préoccupante organisation terroriste, de dimensions autrefois inimaginables, qui commet toutes sortes d'abus et de pratiques indignes de l'homme, en frappant de manière particulière certains d'entre vous qui ont été chassés de façon brutale de leurs propres terres, où les chrétiens sont présents depuis les temps apostoliques.

Le pape et le Vatican multiplient d'ailleurs les gestes qui témoignent de leur inquiétude. François exhorte les responsables du monde entier à dénoncer la persécution. Il recommande des collectes spéciales pour les fidèles d'Orient dans les diocèses du monde ; il envoie des dirigeants de la Curie dans la région. Il fait organiser des colloques sur la question, et parle des fidèles d'Orient dans presque toutes ses audiences hebdomadaires et scs angelus dominicaux. Ainsi, il n'a pas hésité à quelques reprises à interrompre son homélie aux pèlerins réunis sur la place Saint-Pierre pour leur demander de prier pour les chrétiens de Syrie et d'Irak.

Après sa retraite de carême en 2014, il a confié avoir pensé aux « violences, aux enlèvements de personnes et aux abus commis sur les chrétiens et les autres groupes » en Irak et en Syrie.

Cette inquiétude et cette sollicitude du pape ont longtemps tranché avec la prudence de certaines réactions de dirigeants politiques et avec l'ignorance ou l'indifférence des opinions publiques. Ainsi, à la suite du meurtre des coptes en Libye, le président français François Hollande a déploré à plusieurs reprises la mort de ces « ressortissants égyptiens », sans jamais mentionner le fait qu'ils étaient chrétiens et que cette appartenance au Christ était la cause de leur assassinat. Ce langage a alors soulevé bien des questions au sein de certains médias et de l'Église de France.

Et quand une église copte d'Alexandrie a été attaquée en 2011 et que 21 fidèles y ont trouvé la mort, certains médias en Occident ont évoqué un nouveau « cycle de violence » en Égypte, comme s'il s'agissait d'un combat entre deux groupes à armes égales.

Le philosophe français Régis Debray, réagissant aux informations sur la persécution des chrétiens d'Orient, a écrit que ceux-ci étaient « trop chrétiens pour intéresser la gauche, trop étrangers pour intéresser la droite ».

Le fait que les pays occidentaux soient laïques complique par ailleurs la situation pour les décideurs, qui peuvent trouver délicat de lever la voix en faveur d'un groupe à cause de son appartenance religieuse.

Cependant, la diplomatie française a finalement haussé le ton. Dans une déclaration à un journal parisien, Laurent Fabius, le ministre français des Affaires étrangères, a déclaré en 2014 : « La protection des chrétiens d'Orient est une tradition pour la France », et, à la demande de Paris, le Conseil de sécurité s'est penché pour la première fois sur leur sort. Il s'agissait d'une première dans l'histoire de l'ONU.

Expliquant cette décision du gouvernement français, le ministre n'a pas hésité à dire : « Les chrétiens d'Orient sont en train d'être éradiqués. » Et d'affirmer : « Cette tradition [de protection des chrétiens d'Orient] est constitutive de notre histoire, de notre identité même, mais aussi de celles du Moyen-Orient. »

La France demandait au Conseil de sécurité de l'ONU « de proposer, sous l'égide des Nations Unies, une charte d'action pour mettre un terme à l'entreprise d'éradication et d'extermination conduite par Daech (le nom arabe de l'État islamique) et préserver la diversité du Moyen-Orient ».

Déjà, en 2014, Ban Ki-moon, le secrétaire général de l'ONU, avait déclaré que les exactions des djihadistes contre les chrétiens de Mossoul pouvaient être considérées comme étant un crime contre l'humanité.

Les dirigeants canadiens, pour leur part, n'évoquent à peu près jamais dans leurs déclarations le sort des chrétiens d'Orient ; mais la participation du Canada à la lutte contre l'État islamique a amené une certaine prise de conscience dans l'opinion publique canadienne sur cette dimension des conflits au Moyen-Orient.

Par contre, les épiscopats occidentaux, et celui de la France en particulier, n'ont pas cessé, au cours des dernières années, de hausser le ton pour décrier cette persécution.

Les évêques de France, et notamment le cardinal Barbarin, archevêque de Lyon, ont sans cesse rappelé à leurs fidèles les chrétiens d'Orient, et leur ont demandé de prier pour ces frères souffrants. Le cardinal Barbarin s'est rendu à plusieurs reprises en Irak, et notamment à Mossoul, avant sa prise par l'État islamique. Il a jumelé son diocèse à celui de Mossoul.

Les évêques canadiens, pour leur part, ont demandé à plusieurs reprises aux fidèles réunis en assemblées dominicales de prier pour les chrétiens d'Orient.

Droits de la personne
et patrimoine de l'humanité

Bien entendu, ce sont les épiscopats orientaux qui ont été les plus persistants, les plus intenses dans leurs interventions pour que les opinions publiques du monde entier prennent conscience de ce qui arrivait à leurs communautés.

Ils insistent pour que leur cause devienne un sujet de préoccupation mondiale, non pas tant à cause de leur identité chrétienne, qui peut laisser indifférents bon nombre de dirigeants et de peuples, qu'au nom du principe, reconnu partout, des droits de la personne humaine et de protection des minorités.

Quand ils s'adressent aux épiscopats et aux communautés chrétiennes d'Occident, ces évêques rappellent leur présence bimillénaire sur ces terres, et la tragédie que serait, pour l'Église, leur disparition.

Les entrevues données par les évêques orientaux aux médias d'Occident, et notamment aux médias francophones, sont innombrables. Ils sont loin d'y prendre un ton geignard ou de peindre leur sort en termes d'antagonisme avec leurs voisins musulmans. Bien au contraire.

Ainsi, le patriarche des maronites, le cardinal Béchara Raï, dans une entrevue de 2015 à un quotidien parisien, n'hésite pas à affirmer qu'il faut cesser de peindre les chrétiens d'Orient comme une «minorité à préserver». Il précise ainsi sa pensée:

> Quand nous parlons du Moyen-Orient, nous parlons d'une culture chrétienne. Mais, s'il vous plaît, ne l'utilisons pas dans un sens religieux! La culture chrétienne, cela veut dire: modernité, démocratie, valeurs humaines, libertés civiles, droits de l'homme. Cela fait deux mille ans que les chrétiens vivent dans cette région du Moyen-Orient. Donc six cents ans avant l'arrivée de l'islam. La base de la culture est chrétienne. Et l'islam du Moyen-Orient est très différent de l'islam des autres pays. Grâce aux chrétiens, c'est un islam modéré, ouvert. Il faut donc sauver la présence chrétienne. Non pas pour manger ou survivre! Mais pour préserver les valeurs culturelles, la culture de la paix, de la dignité humaine. Voilà notre culture! Nous ne voulons pas être protégés! Nous ne sommes pas une minorité!
>
> Nous sommes ici «originaires», pas «minoritaires». Le statut de minorité ne s'applique donc pas. On peut le dire pour des chrétiens d'Orient réfugiés en France ou ailleurs mais les «originaires» ne sont pas «minoritaires». À cela s'ajoute la forte influence des chrétiens. Faut-il rappeler que la culture chrétienne est un élément de promotion de la paix, de la dignité humaine! Ces valeurs, nous les avons transmises aux musulmans dans nos écoles, dans nos universités, au gouvernement, et ensemble, dans la vie sociale. Les musulmans nous ont aussi transmis leurs valeurs dont nous avons également profité.

Nous nous sommes enrichis mutuellement les uns les autres.

Ces fortes paroles peuvent surprendre, mais elles reflètent la pensée de bien des prélats orientaux, qui envisagent leur avenir dans une perspective prophétique. Beaucoup d'entre eux n'hésitent d'ailleurs pas à parler de leur Église comme étant «l'Église des Arabes», pour mieux insister sur leur insertion dans le monde arabe et leur appartenance à sa culture.

Les débats autour du sort et de l'avenir des chrétiens en Orient vont se poursuivre encore, tant que la situation dans ce coin du monde n'aura pas évolué dans le sens de la paix et de la coexistence pacifique entre les multiples groupes qui l'habitent.

Cette évolution est souhaitée par la grande majorité des gens d'Orient, chrétiens et musulmans confondus. Elle dépendra, dans une large mesure, d'un débat qui a cours au sein des populations musulmanes.

C'est le débat entre ceux qui souhaitent revenir à une interprétation rétrograde de l'islam, et ceux qui veulent le faire progresser sur la voie de la modernité.

Nous avons déjà souligné que ce débat a souvent eu lieu au sein de la communauté musulmane. Au cours des dernières décennies, les tenants d'une vision passéiste de l'islam semblent avoir tenu le haut du pavé. Mais, sous la surface, un bouillonnement se préparait, dont nous commençons à voir les premiers signes.

En effet, de nombreux musulmans, dans les pays d'Orient et ailleurs, veulent qu'on jette un regard différent sur les textes qui se rapportent au traitement des minorités chrétienne et juive. Ils paient souvent bien cher, dans leurs milieux, cette vision d'avenir. Leurs efforts doivent être reconnus, salués et encouragés.

Toutes les personnes de bonne volonté doivent insister pour que les exactions commises au nom de l'islam soient dénoncées sans ambiguïté par le monde musulman. Et il faut appuyer le nombre grandissant d'intellectuels, d'imams et de dirigeants qui portent ce discours sur la place publique.

Car l'acceptation de tous par tous, et la coexistence pacifique de tous les groupes, où qu'ils soient, est la condition nécessaire d'un avenir meilleur pour les peuples du monde dans une planète de plus en plus globalisée.

Entre dépérissement et prophétisme

Où en est-on, en ce milieu de la deuxième décennie du 21e siècle ?

Les pays d'Orient perdent à un rythme accéléré leurs chrétiens, souvent obligés de fuir ou d'émigrer, et quelquefois tués. Il faut sans cesse répéter que la région qui a vu naître le Christ et son Église est en passe de perdre une majorité de ceux qui croient en lui et au Royaume qu'il a promis.

Les chrétiens d'Orient, combien sont-ils aujourd'hui ? Nous savons que les estimations sont difficiles, mais les experts estiment qu'ils seraient de douze à quatorze millions, dont la très grande majorité est représentée par les coptes d'Égypte.

Il y a donc affaiblissement et dépérissement. Mais cette épreuve réveille souvent en eux des forces et des charismes nouveaux.

Elle raffermit tout d'abord leur foi. En témoigne le renouveau du monachisme dans leur sein, et leur ferveur se traduit bien dans ce cri que lançaient certains coptes, qui protestaient contre une attaque perpétrée contre une de leurs églises, à Guizeh, dans la banlieue du Caire : « Avec notre sang, avec notre âme, nous sommes prêts à sacrifier nos vies pour la croix. »

Par ailleurs, leurs pasteurs veulent les amener à une vision prophétique de leur sort. Ainsi, Mgr William Shomali, un Palestinien qui est évêque auxiliaire du patriarcat latin de Jérusalem, n'hésite-t-il pas à les exhorter à « découvrir leur vocation » et à « ne pas s'enfermer dans une mentalité de ghetto ». Pour lui, les chrétiens d'Orient ont une mission à accomplir dans leurs pays respectifs, pour créer un environnement de paix et d'harmonie.

Il a déploré leur émigration croissante, mais estime qu'elle a contribué à une prise de conscience des musulmans modérés de la tragédie que représentent ces départs. Il a ainsi rappelé, dans une entrevue en 2013, que « beaucoup d'intellectuels palestiniens, y compris l'actuel Grand Mufti de Palestine, le président [palestinien] Mahmoud Abbas et le premier ministre [palestinien d'alors] Salam Fayyad, ont affirmé que le départ des chrétiens a été une perte pour tous les Palestiniens et qu'il finira par mettre les juifs et les extrémistes musulmans face à face ».

Pour lui, les chrétiens d'Orient doivent découvrir leur « vocation », et non pas subir un « destin ».

Que faire en Occident ?

Et, pendant que les chrétiens d'Orient se débattent, quelquefois dans l'angoisse, devant les difficultés qui s'accumulent sur leurs routes, que peuvent faire les autres chrétiens, partout dans le monde, et notamment en Occident, pour leur venir en aide ?

Les croyants peuvent tout d'abord prier, prier encore, prier toujours pour leurs frères et sœurs dans l'épreuve.

Ils doivent également continuer à se renseigner. L'ignorance n'est plus une option. Elle n'est ni possible, ni permise.

Ils peuvent diffuser, dans tous les milieux, cette information, afin de lever le voile d'ignorance ou d'indifférence qui, en de nombreux endroits et dans de nombreux milieux, continue d'être jeté sur le sort de ces minorités étranges. Une des difficultés est l'indifférence religieuse en Occident : si, dans leurs pays, le christianisme est de moins en moins respecté, comment les chrétiens occidentaux pourraient-ils intéresser leurs concitoyens au sort des chrétiens persécutés ?

Ils peuvent également les aider matériellement, quand des organismes sérieux les sollicitent à cet égard.

Ils peuvent enfin tenter de sensibiliser les autorités de leurs milieux à cette cause.

Mais cette question ne relève pas seulement des chrétiens. Elle doit interpeller, nous l'avons vu, tous les hommes de bonne volonté, partout dans le monde. Comme le disait le philosophe français athée André Comte-Sponville, il ne faut pas « laisser aux seuls chrétiens le soin de défendre leurs frères opprimés ou menacés ».

Car, au-delà de la dimension religieuse, le sort des chrétiens d'Orient est manifestement une question de défense des droits humains. Et si l'on est un défenseur de ces droits, le sort des chrétiens du Moyen-Orient est aussi digne d'intérêt et de compassion que celui des minorités opprimées ailleurs.

Conclusion

Les chrétiens d'Orient, comme ceux d'Occident d'ailleurs, se rappellent une constante de l'histoire du christianisme : le sang des martyrs est une semence d'évangélisation. Ce qui était vrai jadis l'est encore aujourd'hui.

Les souffrances de ces chrétientés d'Orient sont un appel lancé à tous les fidèles du Christ, partout sur notre planète. L'exemple de ces frères lointains est puissant : leur foi les amène à accepter l'épreuve ultime. Dans un monde obnubilé par le clinquant de la réussite et de l'argent, ils tentent de déchiffrer l'essentiel. Et quand ils le découvrent, ils offrent, dans un élan de foi puissant et bouleversant, leur vie au Christ.

Les chrétiens d'Orient se souviennent encore de leur passé lointain. Ils n'ignorent pas que le passé peut quelquefois donner des leçons précieuses pour le présent et, l'espèrent-ils, annoncer l'avenir.

Ils se rappellent par exemple – et notamment ceux d'Égypte – la persécution de Dioclétien, au début du 4ᵉ siècle. Ce fut probablement la pire période pour les chrétiens de l'Antiquité. Ils mouraient par dizaines de milliers, ils voyaient leurs proches, leurs maris et femmes, leurs parents, leurs enfants, leurs amis mourir pour la foi. Ils auraient pu croire que c'était la fin de leur monde, la défaite absolue de leur foi, l'anéantissement de leur communauté.

Or, deux ans après la fin de la persécution, Constantin, qui est devenu empereur, signe l'Édit de Milan en 313. C'est un édit de tolérance et, du jour au lendemain, l'Église qui était bannie, les chrétiens qui étaient persécutés retrouvent la vie, l'espoir et l'avenir.

Tant de passion de la part de ceux qui les ont précédés sur leurs terres, tant de courage, tant de foi sont pour les chrétiens d'Orient d'aujourd'hui une lumière en ces temps difficiles. Leurs Églises traversent une grande épreuve. Mais leurs martyrs et leurs saints de l'Antiquité leur ont laissé une précieuse leçon. Ils leur disent qu'au bout de l'épreuve, il y a la Résurrection. Ils leur parlent de larmes et de mort, mais aussi de vie et de foi. Au milieu de la pire souffrance, de la mort et de l'écrasement, un chant d'espérance s'est alors élevé.

Et c'est ce chant, cette espérance toute chrétienne que les chrétiens d'Orient veulent retenir, pour eux, pour nous, pour l'Église d'aujourd'hui.

Chronologie

Vers l'an –6 :	Naissance de Jésus.
Vers l'an 30 :	Mort et Résurrection du Christ.
Vers l'an 40 :	Conversion de saint Paul.
45 à 58 :	Voyages de Paul et conversion des «Gentils» (les non-juifs).
47 :	Arrivée (probable) de saint Marc à Alexandrie (Égypte).
64 :	Persécution de Néron.
Vers 67 :	Martyre de saint Pierre et de saint Paul à Rome.
Fin 1er s.– début 2e :	Premières communautés chrétiennes à Alexandrie (Égypte), Antioche (Syrie), Jérusalem et en Asie Mineure (Turquie). Quelques noyaux de fidèles dans les zones rurales d'Égypte et de la Grande Syrie.
Fin 1er s. – début 2e :	Première mention de la «secte chrétienne» dans un écrit non chrétien : *La Guerre des Juifs,* de Flavius Josèphe.
95 :	Persécution de Domitien.
2e siècle :	Le christianisme se répand lentement dans l'Empire romain et atteint la Mésopotamie (Irak) et la Perse (Iran).

2ᵉ siècle :	Adoption du Canon des Écritures (l'ensemble des livres saints reconnus par l'Église).
180 :	Persécution de Marc-Aurèle.
185 :	Création à Alexandrie du Didascalée, la première école théologique du monde chrétien.
3ᵉ‑4ᵉ siècles	Quatre grandes régions ecclésiastiques se créent dans l'Orient chrétien et les évêques de leurs principales villes prennent le titre de patriarche : Alexandrie, Jérusalem, Antioche et Byzance-Constantinople.
250-51 :	Persécution de Dèce.
257 :	Persécution de Valérien.
270 :	Saint Antoine le Grand se retire dans le désert de la Haute-Égypte et y mène une vie d'ermite.
303-309 :	Persécution de Dioclétien.
313 :	Édit de Tolérance de Milan, promulgué par l'empereur Constantin, qui interrompt les persécutions contre les chrétiens ; le christianisme devient licite dans l'Empire, puis, bientôt, religion officielle.
Début 4ᵉ siècle :	Saint Pacôme réunit autour de lui un certain nombre d'ermites qui vivaient dans le désert de Thébaïde (en Haute-Égypte), crée le premier monastère de la chrétienté et rédige la première règle monastique. Sa sœur Marie crée près du Nil le premier monastère pour femmes.

324 :	Byzance, nouvelle capitale de l'Empire romain, change de nom et devient Constantinople.
325 :	Concile de Nicée (près de Constantinople) : Athanase d'Alexandrie y combat l'hérésie arienne et joue un rôle essentiel pour défendre l'égalité de nature entre le Père et le Fils ; le *Credo* est adopté par les Pères conciliaires.
350-379 :	Apostolat de saint Basile le Grand en Asie Mineure (Turquie).
380 – 407 :	Apostolat de saint Jean Chrysostome en Syrie.
395 :	L'Empire romain se divise en deux : l'Empire romain d'Occident (dont la capitale était Ravenne, en Italie) et l'Empire romain d'Orient. La capitale de ce dernier sera Constantinople et l'Empire gardera dans l'histoire le nom d'Empire byzantin. C'est dans l'Empire byzantin que vivront les chrétiens d'Orient, jusqu'à sa chute définitive.
5e siècle :	Fondation, dans une vallée syrienne, d'un monastère par un moine, saint Maron. Les maronites font remonter la création de leur communauté à cet événement.
431 :	Concile d'Éphèse (Turquie) ; saint Cyrille d'Alexandrie y combat l'hérésie nestorienne et le concile proclame que Marie est véritablement « Mère de Dieu ».
451 :	Concile de Chalcédoine (banlieue de Constantinople) : le concile réaffirme avec force la nature humaine et

la nature divine dans la personne du Christ; rupture de l'Église d'Égypte et de certains chrétiens de Grande Syrie avec le reste de l'Église; premier schisme dans le christianisme; naissance de l'Église copte-orthodoxe.

530 : Fermeture du dernier temple pharaonique, le temple d'Isis à Philae (Assouan); les derniers feux de la religion pharaonique viennent de s'éteindre, après plus de 4000 ans d'existence.

Début 7e siècle : Tout l'Orient est chrétien.

622 : Mahomet, un commerçant de La Mecque en Arabie, y prêche une nouvelle religion, l'islam (en arabe: la Soumission, c'est-à-dire la soumission à Dieu).

632 : Mort de Mahomet.

637 : Prise de Jérusalem par les armées musulmanes; premiers contacts entre chrétiens et musulmans.

643 : Prise d'Alexandrie par le général arabe Amr ibn al-As.

7e et 8e siècles : Conquête de tout l'Orient par les Arabes musulmans; début de l'islamisation de ces régions.

11e siècle : Les croisés imposent des évêques latins aux chrétiens d'Orient, qui ont entre-temps adopté de plus en plus la langue arabe dans leurs liturgies.

Début 11e siècle : Violente persécution du calife El-Hakim bi Amr Allah contre les coptes; plusieurs milliers de martyrs; la

	population égyptienne devient alors, pour la première fois, musulmane à plus de 50 %.
1219 :	Saint François d'Assise se rend en Égypte pour convertir les musulmans ; il rencontre le sultan Al-Kamil ; long dialogue entre les deux hommes.
13e-17e siècles :	Les mamelouks (une milice turque), puis les Turcs ottomans, gouvernent l'Égypte et l'Orient ; ils persécutent de façon systématique et cruelle les chrétiens ; les Églises orientales sont sur le point de disparaître et ne survivent qu'en se réfugiant dans les déserts, les hautes montagnes ou les régions éloignées.
16e siècle :	« Découverte » des maronites par l'Occident ; Rome dépêche des missionnaires franciscains, puis jésuites et capucins, au Liban ; la France se proclame « Protectrice » des chrétiens libanais.
17e siècle :	Premières approches de Rome auprès des coptes-orthodoxes ; envoi de missionnaires franciscains en Égypte.
1723 :	Un évêque grec-orthodoxe de Syrie se rallie à Rome ; naissance de l'Église grecque-catholique (aussi appelée melkite).
1798 :	Napoléon Bonaparte envahit l'Égypte ; première rencontre dans les temps modernes entre l'Orient et l'Occident ; les coptes reprennent peu à peu certains droits.

1850 :	Massacres de Damas ; près de 10 000 chrétiens syriens sont égorgés dans la ville.
1857 :	Abolition dans la jurisprudence égyptienne de la jizya, l'impôt imposé aux infidèles par l'islam.
1892 :	Les missionnaires occidentaux ayant ramené quelques milliers de coptes-orthodoxes au catholicisme, Rome décide la création d'une Église copte-catholique, et nomme à sa tête un patriarche.
1895 :	Génocide assyrien dans le sud de la Turquie : des dizaines de milliers de chrétiens sont assassinés par les Turcs ; 3000 meurent brûlés dans la cathédrale d'Édesse
1918 :	Fin de la Première Guerre mondiale ; la France et l'Angleterre se partagent la Grande Syrie et créent les États modernes de Syrie, du Liban, de la Palestine et, plus tard, la Jordanie et l'Irak.
Fin 19ᵉ s.-1950 :	Âge d'or de la coexistence entre chrétiens orientaux et leurs compatriotes musulmans ; des réformes sont entreprises dans l'islam, surtout en Égypte et en Syrie, et mènent à une coexistence citoyenne entre les fidèles des deux religions.
1928 :	Naissance en Égypte de la confrérie des Frères musulmans, qui signale le début de la réaction contre les réformes menées au début du siècle,

	et plante les premières graines du fondamentalisme musulman actuel.
1948 :	Naissance de l'État d'Israël ; la Palestine est divisée en deux pays, contre la volonté de la population palestinienne ; exode des Palestiniens, y compris des Palestiniens chrétiens.
1970 - aujourd'hui :	Sous l'influence des Frères musulmans, persécution larvée des chrétiens en Égypte, avec des épisodes de grande violence.
1975-1990 :	Guerre civile au Liban, opposant surtout les maronites aux musulmans.
1991 :	Première guerre du Golfe, premier exode des chrétiens irakiens.
2003 :	Guerre d'Irak : l'exode chrétien se précipite.
2011 :	Printemps arabe.
2011 :	Début de la guerre civile en Syrie ; les chrétiens quittent leur pays par milliers.
2013 :	Élection du pape François, qui ne cesse de manifester sa sollicitude aux chrétiens d'Orient.
2014 :	Création du califat de l'État islamique ; massacres de chrétiens en Syrie et en Irak.

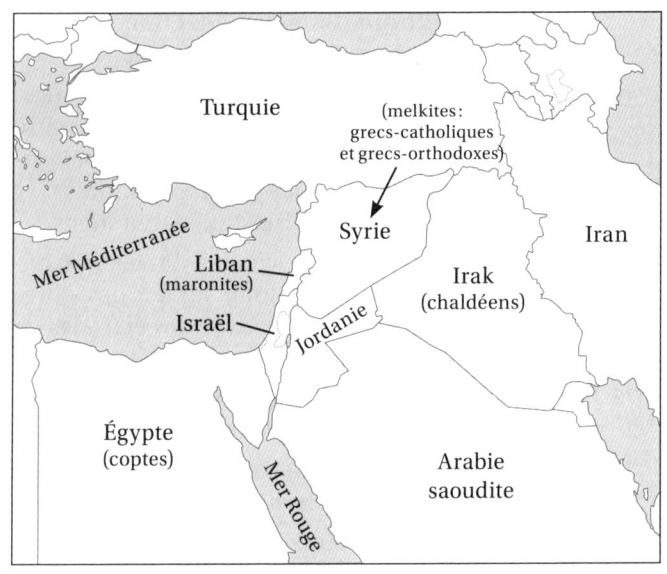

Moyen-Orient contemporain

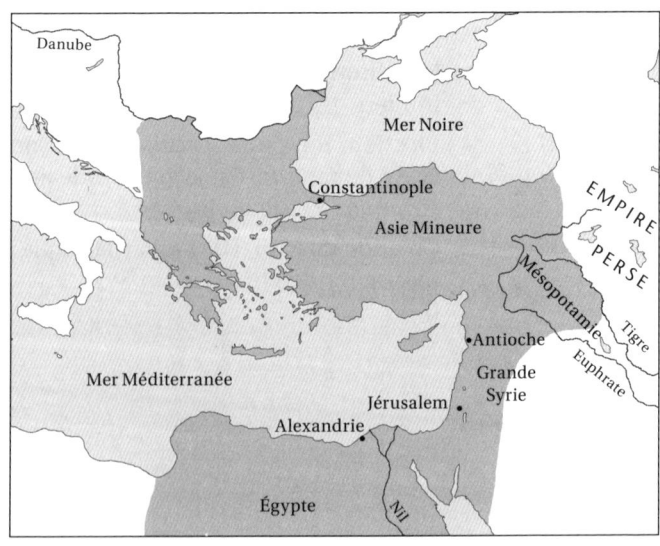

Empire romain d'Orient

Bibliographie sommaire

Al-Din wal Donia fil massihia wal islam (en arabe : *La religion et le monde laïque dans le christianisme et l'islam*), Actes du Premier colloque estival, Le Caire, Markaz el derassat el Massihie al Islamieh (Centre d'études islamo-chrétiennes), 1996.

CHALIAND, Gérard, et Sophie MOUSSET, *2000 ans de chrétientés : guide historique,* Paris, Jacob, 2000, 254 p.

CHENOUDA III, Sa Sainteté le pape d'Alexandrie, *Les combats sataniques,* Le Caire (Égypte), La Faculté copte-orthodoxe d'études ecclésiastiques, 1990, 232 p.

—, *The Release of the Spirit,* Cairo (Egypt), Dar el Tebaa el Kawmia, 1990, 164 p.

Chrétiens du monde arabe, un archipel en terre d'Islam, sous la direction de Bernard HEYBERGER, Paris, Éditions Autrement, 2003, 271 p.

Chrétiens face à l'islam, préface de Jean-Luc POUTHIER, Paris, Bayard, 2009, 207 p.

COURTOIS, Sébastien de, *Périple en Turquie chrétienne,* Paris, Presses de la Renaissance, 2009.

DALRYMPLE, William, *From the Holy Mountain, A Journey in the Shadow of Byzantium*, Penguin Books, 1998.

GRYPEOU, Emmanouela, Mark SWANSON et David THOMAS (éd.), *The encounter of Eastern Christianity with early Islam*, Leiden and Boston, 2006, 338 p.

Itinéraires d'Égypte, Mélanges offerts au père Maurice Martin, sj, réunis par Christian DECOBERT, Le Caire, Institut français d'archéologie orientale, 1992.

KARABELL, Zachary, *Peace be upon you: the story of the Muslim, Christian, and Jewish coexistence*, New York, Albert Knopf, 2007, 343 p.

KHOURY, Shahadeh, Nicola KHOURY et Raouf SA'D ABUJABER, *A Survey of the History of the Orthodox Church of Jerusalem*, Amman (Jordan), Dar al-Shorouk for Publishing and Distribution, 2002, 363 p.

Les chrétiens du monde arabe, Actes du colloque des CMA à Paris (septembre 1987), préface de Pierre RONDOT, Paris, Maisonneuve & Larose, 1989, 157 p.

O'MAHONY, Anthony (éd.), *Eastern Christianity: Studies in modern history, religion, and politics*, London, Melisende, 2004.

TAGHER, Jacques, *Christians in Muslim Egypt, an historical study of the relations between Copts and Muslims from 640 to 1922*, Altenberger, Oros, 1998.

VALOGNES, Jean-Pierre, *Vie et mort des chrétiens d'Orient*, Paris, Fayard, 1994, 972 p.

YE'OR, Bat, *Les chrétientés d'Orient entre jihâd et dhimmitude, VIIe-XXe siècle*, Paris, Cerf, 1991, 529 p.

Journaux et revues

«De Jésus aux coptes d'aujourd'hui, L'Égypte chrétienne», dans *National Geographic*, Paris, décembre 2006.

La Croix, Paris, nombreux dossiers sur les chrétiens d'Orient, notamment: [http://www.la-croix.com/Religion/Actualite/Chretiens-d-Orient]

«La passion copte», dans *Notre histoire*, n° 178, Paris, juin 2000.

«L'Égypte romaine, de Cléopâtre à saint Antoine», dans *Le Monde de la Bible*, n° 153, Paris, septembre 2003.

«Les origines égyptiennes du christianisme», dans *Pharaon, le magazine de l'Égypte éternelle*, Nancy (France), n° 2, août-octobre 2010.

«Les Pères de l'Église», dans *Fêtes & Saisons*, n° 521, Paris, janvier 1998.

«Plurilinguisme en Égypte sous la domination gréco-romaine», dans *Journal of Coptic Studies*, vol. 10, Louvain, Peeters, 2008.

Du même auteur

Essais

Voltaire et l'amitié, Montréal, 1972, 173 p.

Études Rousseau Trent (en collaboration), Ottawa, Éditions de l'Université d'Ottawa, 1980.

Jean-Jacques Rousseau et la société du XVIIIe siècle (en collaboration), Ottawa, Éditions de l'Université d'Ottawa, 1981.

Voltaire et Paris, «The Voltaire Foundation», Oxford University Press, Oxford (England), 1981, 265 p.

Romans

Amina et le mamelouk blanc, Ottawa, Les Éditions L'Interligne, 1998, 448 p. Réédition 1999.

Ibn Khaldoun – L'honneur et la disgrâce, Ottawa, Les Éditions L'Interligne, 2002, 377 p. (Prix littéraire de la Ville d'Ottawa).

L'Agonie des dieux, Les Éditions L'Interligne, Ottawa, 2005, 303 p. (Prix Trillium, Prix littéraire *Le Droit*).

Alexandre et les trafiquants du désert, roman jeunesse, Les Éditions L'Interligne, 2007, 160 p.

Frères ennemis, roman, Montréal, VLB éditeur, 2009, 355 p.

Les chemins de la liberté, roman, tome 1, *Marie et Fabien,* Chicoutimi, Les Éditions JCL, 2013, 360 p., tome 2 : *L'ultime voyage,* Chicoutimi, Les Éditions JCL, 2013, 363 p. (Prix France-Acadie).

Récits

Le Désert et le loup, Sherbrooke, Éditions Naaman, 1985, 104 p.

Le Berger du soleil, Ottawa, CFORP, 2011, 48 p.

Table des matières

Introduction 5

1 – Tour d'horizon 9
   Le sort tragique des chrétiens d'Orient 17
   Un rôle essentiel
      dans l'histoire du christianisme 21

2 – L'Orient, terreau du christianisme 25
   Les premiers martyrs chrétiens 33
   De grands penseurs de la foi 39
   Naissance de l'Église copte :
      le concile de Chalcédoine 47
   La foi chrétienne se précise 50
   Un apport fondamental 53

3 – La chrétienté en Égypte : les coptes 57
   Alexandrie, centre du christianisme
      hellénistique 63
   Le monachisme naît en Orient :
      Antoine et Pacôme 64
   Un peuple profondément religieux 68
   Une même foi, deux Églises................... 70
   L'islamisation de l'Égypte 71
   Le Pacte d'Omar 74
   Présence européenne et renouveau
      du christianisme égyptien 76
   L'âge d'or des relations islamo-chrétiennes..... 79
   La contre-offensive des Frères musulmans..... 82
   La liturgie des coptes........................ 82

4 – Les chrétiens du Proche-Orient 89
  Les chrétiens de la Grande Syrie 97
  Les chrétiens d'Irak et de Turquie 103
  Les maronites 108
  Des promoteurs de la culture arabe 114
  Le patriarche maronite
    et l'avènement du Liban................... 117
  La liturgie des chrétiens du Proche-Orient.... 119
  D'hier à aujourd'hui 122

5 – Des Églises en péril 123
  La montée des Frères musulmans............ 128
  Les coptes : une opposition chèrement payée.. 129
  Les chrétiens d'Irak,
    victimes des guerres du Golfe et d'Irak 138
  L'exode des chrétiens de Syrie................ 143
  L'avenir incertain des chrétiens libanais 148
  Terre sainte : vers la fin
    de la présence chrétienne ?................ 151

6 – Le présent et l'avenir 155
  Une résilience étonnante 159
  Des apôtres de la diversité du christianisme .. 161
  Le Vatican manifeste sa sollicitude 162
  Droits de la personne
    et patrimoine de l'humanité............... 170
  Entre dépérissement et prophétisme 173
  Que faire en Occident ?..................... 175

Conclusion 177

Chronologie 179
Bibliographie sommaire 187
Du même auteur 191